LES
DERNIERS MARQUIS

EN VENTE A LA MÊME LIBRAIRIE

—

DU MÊME AUTEUR

L'Italie des Italiens, 4 forts vol. gr. in-18 jésus.

I — L'ITALIE DU NORD, — Gênes, Turin, Milan, Padoue, Venise.

II — L'ITALIE DU CENTRE, — Plaisance, Parme, Modène, Florence, Perouse, Ravenne, Bologne, Ferrare.

III — L'ITALIE DU MIDI, — Le LIBÉRATEUR. — Palerme, Naples.

IV — ROME.

Chaque volume. . . . . 3 fr. 50.

—

En préparation :

LES DERNIERS ABBÉS. — 1 vol.

POISSY. — TYP. ET STÉR. DE A. BOURET.

LES DERNIERS
MARQUIS

—

DEUX MOIS AUX PYRÉNÉES

PAR

Mme LOUISE COLET

PARIS

E. DENTU, EDITEUR

LIBRAIRE DE LA SOCIÉTÉ DES GENS DE LETTRES

PALAIS-ROYAL, 17 ET 19, GALERIE D'ORLÉANS.

—

1866

Tous droits réservés

PRÉFACE

J'avais oublié les scènes de mœurs qu'on va lire, je croyais perdues ces pages écrites depuis plus de huit ans, lorsque mon éditeur eut l'idée de les réunir sous ce titre : *Les derniers Marquis*.

Les épreuves de ce récit satirique me parvinrent dans l'île d'Ischia, au moment [1] où une émeute stupide et barbare, suscitée par des prêtres, menaçait ma vie.

1. Vers le milieu de novembre 1865.

De même que j'avais vu autrefois les petites passions *des derniers Marquis* s'agiter dans les grands paysages des Pyrénées, je voyais à l'heure présente les petites passions des *derniers Abbés* se produire en face des sublimes horizons que domine l'île d'Ischia et en troubler un instant, pour moi, la sereine et inaltérable beauté.

Ici encore c'était, comme toujours et partout, la société dans sa plus infime acception, tracassière et perverse, gâtant au poëte la nature bienfaisante et splendide qui le console et l'inspire et poussant jusqu'au crime le déchaînement de son ignorance et de ses erreurs.

« Deux siècles plus tôt, m'écrivit dans cette circonstance Victor Hugo, on nous eût brûlés vous et moi, dos à dos sur le même bûcher. »

« Qui contredit est hérétique et luy faut rien que le feu [1]. »

J'aurais pu, dans l'île d'Ischia, répondre comme Panurge : « Estant sur mer craignois beaucoup plus estre mouillée et estre noyée que brûlée [2]. »

1. Rabelais, liv. I, ch. Ier.
2. *Idem.*

A ceux qui ne voulurent pas croire au péril que j'avais couru [1] ou qui l'ont raillé avec la légèreté badine de l'indifférence et de la dévotion, les meurtres récents de Barletta sont venus donner un sanglant démenti.

Si le secours qui me sauva était arrivé trop tard et que j'eusse subi le sort des massacrés de Barletta, sans doute les nouvellistes en belle humeur et les

---

[1]. Ce péril est prouvé par la lettre suivante que M. Vigliani, préfet de Naples, adressa à M. Erdan le 14 novembre (1865) :

« Monsieur,

» Par le journal de Naples vous aurez appris que l'autorité et la force sont arrivées à temps pour sauver madame Louise Colet des attaques sauvages de la populace d'Ischia; je pense qu'à présent elle agirait prudemment en quittant un séjour qui n'est plus sans péril pour sa personne. Une enquête des plus sévères a été ordonnée, et la justice frappera les coupables quel que soit *l'habit* qui les couvre.

» Agréez, monsieur, l'expression de mon estime la plus parfaite.

» Votre dévoué,
» VIGLIANI. »

M. Erdan écrivait lui-même de Naples, le 18 novembre, au journal le *Temps* dont il est le correspondant :

« Vous savez que madame Louis Colet a des idées libres, qu'elle exprime librement. Le clergé du lieu annonça *qu'elle attirait sur l'île d'Ischia la colère de Dieu;* de là à l'accuser d'être une *empoisonneuse, chargée de mettre le choléra,* il n'y avait qu'un pas. Il fut fait. Le dimanche 12 novembre, la population courroucée et menaçante s'assembla autour de sa demeure. La garde nationale,

joyeux orthodoxes se seraient écriés, en parodiant le vers de La Fontaine :

> ... Ce n'est rien,
> C'est une femme qu'on lapide.

Mais puique la lapidation ne s'est point accomplie, j'ai voulu rire à mon tour des *monagaux* [1] qui l'avaient si *benoistement* [2] préparée, et à peine échappée de leurs pattes, tout en parcourant les épreuves des *derniers Marquis* qu'on va lire, j'ai écrit gaiement *les derniers Abbés*, qu'on lira bientôt.

LOUISE COLET.

Italie, avril 1866.

---

prévenue contre elle apparemment, ne s'empressa nullement de la protéger. Nous reçumes alors, à Naples, — quelques-uns des notables de la colonie française, — avis télégraphique de ce qui se passait. On s'empressa. Le consul général de France agit activement. Le préfet de Naples ordonna au sous-préfet de Pouzzoles d'envoyer 50 hommes de troupe et des gendarmes. L'ordre enfin se rétablit. Madame Louise Colet est heureusement arrivée ici depuis deux jours. »

1. Rabelais.
2. *Idem.*

LES
DERNIERS MARQUIS

Les vrais poëtes et les sincères artistes s'imaginent toujours que la beauté et la grandeur qui les émeuvent dans la nature et dans l'art, produisent un effet analogue sur tous les esprits et sur tous les cœurs; ils ont des étonnements naïfs en voyant des êtres indifférents ou distraits traverser les magnificences de la campagne, et entendre sans tressaillir des vers et de la musique sublimes, ou bien regarder sans les comprendre un marbre et un tableau de maître; ils se figurent généreusement que les êtres qui n'expriment point leur admiration par des paroles ou par une émotion visible, sentent *en dedans,* comme on dit, et que leur silence est de l'étonnement. Hélas! leur silence est de la sécheresse et l'absence presque complète des notions du beau et du bien, inséparables jumeaux que les Grecs nommaient par le même mot.

Ce n'est pas que nous pensions que les esprits supérieurs et cultivés soient seuls capables de ces sensations idéales; les cœurs tendres les éprouvent aussi; de là quelques tressaillements et quelques acclamations dans les foules, toujours justes et toujours éclairées, par intuition, en face d'un spectacle produit par l'art ou par une nature grandiose. On peut être inculte mais inspiré ; c'est-à-dire propre à s'assimiler ce qui est grand et beau. Mais les demi-esprits médiocres, rétrécis par les petits intérêts ou les vanités puériles, s'enferment et se murent dans le cercle de leur éducation ou de leurs habitudes de castes.

Ces réflexions me vinrent tout naturellement, il y a quelques années, pendant une saison d'eaux que je passais aux Pyrénées ; le hasard groupa sous mes yeux une curieuse scène, petit tableau burlesque dont le cadre incommensurable de ces montagnes faisait mieux ressortir les proportions mesquines.

On était aux derniers jours d'août ; les *Eaux Bonnes*, qui durant trois mois avaient vu affluer les malades et les oisifs de toutes les capitales du monde, ne gardaient plus que quelques rares buveurs s'obstinant à attendre leur guérison de la naïade bienfaisante.

Des Anglais et des paysagistes, qui ne faisaient que passer, venaient grossir parfois ce groupe retardataire ; nous avions été jusqu'à cent cinquante personnes à la table de *l'Hôtel-de-France ;* insensiblement les rangs s'étaient éclaircis, et de l'immense table en fer à cheval, un moment trop étroite pour le nombre des convives, à peine un bout restait-il occupé au déjeuner et au dîner par une dizaine d'habitués et cinq à six hôtes flottants. Parmi les premiers, on comptait deux nobles Espagnols, aux manières douces et chevaleresques ; un vieux magistrat de Pau, un employé supérieur au chemin de fer de Toulouse, un riche et ancien négociant de Bretagne qu'une affection de poitrine avait fixé dans le Midi ; un écolier dégingandé de dix-sept ans nommé Adolphe de Chaly et un très-bel Italien pâle et inanimé comme un marbre, vrai descendant d'un doge de Venise, dont la mort devait bientôt attrister Milan. Cette mort jette comme une ombre sur le récit assez gai que je vais écrire. Il y avait ensuite un petit monsieur très-correct de mise et de diction, M. Routier, riche fabricant de toile à Mulhouse, dont la femme aux allures puritaines et modestes avait conquis dès l'abord la sympathie des princesses et des grandes dames (maintenant parties) par ses déférences, sa mise simple et son soin perpétuel à s'effacer devant leur importance. Depuis que M. Routier et sa femme avaient été admis dans le cercle des princesses, ils se sentaient comme ennoblis ; ils prenaient des airs réservés et ne frayaient qu'à demi avec les autres convives. Seul le noble Italien leur paraissait d'assez bonne maison; mais celui-ci, qui se mourait à la fois du mal qui le minait et de son patriotisme trahi, ne répondait pas aux avances du couple Routier ; il passait au milieu de nous comme un fantôme.

Je n'ai jamais rencontré une pâleur plus effrayante et plus belle. Je le vois encore assis en face de moi avec ses traits de statue grecque, et sa peau mate sous laquelle le sang ne circulait plus. Ses grands yeux noirs éclairaient le visage immobile, et seuls lui prêtaient un reste de vie et de mouvement. Ses cheveux bruns retombaient irrégulièrement jusqu'à son cou amaigri ; on eût dit un voile funèbre ; son corps flottait dans des vêtements aristocratiques mais sans recherche ; il paraissait distrait et insoucieux de tout ce qui l'entourait. Il vivait déjà dans la mort, il la sentait venir à pas précipités, à peine goûtait-il de ses lèvres blêmes à quelques mets aussitôt renvoyés.

Lui et une femme avec laquelle je m'étais liée étaient les seuls êtres un peu caractérisés de cette société nomade. La femme, qui se nommait Nérine B..., séjournait depuis deux mois aux Eaux-Bonnes pour sa santé et aussi pour des travaux d'art ; elle dessinait admirablement les paysages grandioses qui nous entouraient et écrivait les traditions du Béarn. C'était une femme d'une rare supériorité, et quoiqu'elle eût quarante ans, sa beauté avait été telle que les jours où elle relevait ses épais cheveux d'un blond vénitien en bandeaux ondés et les massait vers la nuque en torsade ornée d'une barbe de dentelle et d'une fleur, elle causait encore une sorte d'éblouissement quand elle apparaissait dans sa robe de taffetas noir collante à sa taille superbe. Mais presque toujours accablée par la souffrance, elle arrivait à table en robe de chambre et en bonnet, insoucieuse des regards, et ne parlant à personne. Elle passait la journée dans les vallées les plus sauvages, dessinant et prenant des notes ; le soir elle ne paraissait jamais au salon où les danses et les parties de jeu de cartes et de dominos se formaient.

Je l'avais rencontrée plusieurs fois dans la campagne ; nous commençâmes par nous saluer et par échanger quelques paroles ; mais insensiblement l'affinité de nos pensées nous lia. Je savais qu'elle aimait la solitude ; elle m'était à moi-même nécessaire ; aussi nous laissions-nous l'une à l'autre une entière liberté ; mais sitôt qu'elle souffrait ou que je souffrais, nous nous rapprochions bien vite. A table elle était placée auprès de moi ; j'étais la seule personne avec qui elle causât ; pour tous elle était polie mais réservée, ou plutôt la rêverie active de sa pensée la suivait partout et lui dérobait pour ainsi dire ce qui se passait autour d'elle ; cela lui donnait un grand charme ; j'ai dit qu'elle avait des jours où sa beauté était encore surprenante.

Vis-à-vis d'elle étaient assis le bel Italien mourant et l'écolier dégingandé ; ce dernier formait un grotesque contraste avec son voisin : l'un, quoique inerte, était un des types le plus accomplis de la beauté des peuples du Midi, et l'autre, le représentant le plus criant de ce que j'appellerai la laideur du Nord ; il était long comme un peuplier, avec des mains osseuses paraissant aussi disproportionnées que son corps ; même développement démesuré dans ses pieds. Sur son cou haut et maigre perchait une tête grimaçante ; la mâchoire était en saillie ; d'une bouche énorme sortaient des dents irrégulières comme des défenses, la lèvre supérieure essayait en vain de les comprimer et c'est sans doute à la tension perpétuelle de cet effort impuissant que cette large lèvre devait d'être recouverte sans cesse d'une floraison de boutons. Le nez était long, mais carré vers le bout et déviant à gauche ; les yeux noirs, assez grands, louchaient quand ils voulaient regarder, et, comme ils regardaient toujours, ils louchaient sans cesse ;

les chevaux plats et roux jaillissaient en lignes rebelles sur le front. Toute son allure était celle d'un séminariste plein de flamme ; quand la belle femme artiste se montrait à table dans une toilette qui lui rendait sa jeunesse, Adolphe de Chaly faisait des bonds sur sa chaise et dardait ses yeux louches sur mon amie ; parfois il interpellait l'Italien pour lui faire admirer Nérine, mais jamais il ne put lui arracher sur elle que ces paroles :

— C'est un noble esprit, je sais qu'elle aime l'Italie où elle a longtemps séjourné.

— Vous devriez vous lier avec elle, lui disait l'écolier, et me présenter.

Mais l'Italien hochait la tête et répondait :

— Je ne suis plus de ce monde.

Quand il nous rencontrait à la promenade, Nérine et moi, il nous saluait en devenant plus pâle ; c'était tout.

Il n'en était pas de même de l'étrange écolier ; il cherchait toujours à nous parler et s'offrait pour nous rendre mille petits services.

Un matin nous le rencontrâmes, Nérine et moi, dans le carrefour le plus touffu de la *promenade de Grammont*, dont les sentiers s'échelonnent au-dessus d'un des grands rocs qui emprisonnent les Eaux-Bonnes. Nous tenions chacune à la main une énorme gerbe de bruyères roses, d'asphodèles blanches et de genêt jaune odorant entourés de pousses de buis et de touffes dentelées de fougère. Tout en marchant, nous avions butiné ces fleurs des montagnes, et Nérine, avec son instinct d'artiste, les avait merveilleusement groupées pour les peindre.

— Vous aimez les fleurs ? dit le pauvre Adolphe à Nérine en devenant pourpre, tandis que les boutons qui couvraient sa lèvre supérieure s'injectaient de sang. Sa puberté l'étouffait.

— Comment ne pas aimer les fleurs ? répliqua Nérine, elles ont deux attraits : le parfum et la forme ; c'est une double séduction irrésistible.

— On est bien malheureux d'être laid, murmura l'écolier d'un ton de tristesse singulière, car on ne doit pas trouver grâce devant votre esprit.

— Quand on est bon et loyal, reprit Nérine avec un air de sincérité aimable, on attire toujours la sympathie.

Le pauvre Adolphe tressaillit.

— Puisque vous aimez les fleurs, dit-il à Nérine, je vous en apporterai chaque jour des plus rares et des plus belles.

— Comme vous voudrez, répondit simplement mon amie.

Il nous quitta, et nous le vîmes s'élancer et gravir comme un fou les hauteurs du roc.

Fatiguées par la promenade, nous rentrâmes pour nous reposer. Nos chambres étaient situées au second étage de l'hôtel de France et s'ouvraient sur une galerie de bois suspendue en carré sur une cour intérieure; du côté de l'est et du midi les portes et les fenêtres d'un grand nombre de petites chambres donnaient sur cette cour tranquille où les femmes de service disposaient les fruits et les légumes, et où le bon *père Taverne*, comme on appelle aux Eaux-Bonnes le vieux, l'honnête et l'intelligent propriétaire de l'hôtel de France, avait son bureau, c'est-à-dire une cage de verre octogone renfermant un fauteuil en cuir et une table sur laquelle reposaient les livres de comptes.

Tout le côté du nord était occupé par une longue mansarde où couchaient les domestiques, située au-dessus du salon de réception.

A l'ouest, c'étaient des appartements plus complets, chambres, salons, cabinets de toilette, dont les fenêtres avaient jour sur le *Jardin anglais*, place fashionnable et bruyante des Eaux-Bonnes, où les malades vont s'asseoir à l'ombre des sorbiers aux fruits pourpres suspendus en grappes comme des perles de corail; où les femmes parées circulent, où les beaux enfants lancent des balles et des cerceaux, où les montagnards béarnais passent en costume pittoresque : ceinture pourpre ceignant leurs reins cambrés, et berret rouge posé de côté sur leurs longs cheveux bouclés ; les uns conduisant de petits chevaux basques : les autres jouant de la cornemuse ou chantant de vieux airs des montagnes d'un rhythme lent et grave, et conservé, assure-t-on, sans altération, depuis le temps des Druides.

Au second comme au premier étage de l'hôtel de France, les appartements dont les fenêtres s'ouvrent sur le *Jardin anglais* sont toujours habités par des familles riches.

J'ignore si Nérine était riche, mais elle était à coup sûr généreuse ; aucune princesse ne donnait plus qu'elle aux gens de l'hôtel et à ceux de l'établissement thermal. Cependant, soit à cause de son goût pour la solitude et le calme, soit que sa passion des voyages l'obligeât à l'économie, elle avait choisi une grande chambre très-simple, à l'est de la cour. J'étais logée tout près d'elle, et la petite chambre occupée par le grotesque écolier Adolphe de Chaly s'ouvrait aussi sur la galerie de bois. Chaque jour quand la cloche du déjeuner ou du dîner sonnait, nous étions certaines, Nérine et moi, de trouver le jeune Adolphe dans la galerie, prêt à nous offrir son bras ou à nous escorter jusqu'à la salle à manger. Mais le jour où nous avions rencontré l'écolier sur les hauteurs de la promenade Grammont, lorsque la cloche du dîner retentit et que nous traversâmes la galerie de bois, la chambre d'Adolphe nous parut déserte et muette. Nous aperçûmes pourtant en passant une silhouette au fond de l'entre-bâillement de la porte ; qu'avait-il donc pour rester là immobile ? Nous pensâmes d'abord qu'il était malade, car le dîner était déjà fort avancé quand il vint se mettre à table; il se glissa furtivement en rougissant beaucoup jusqu'à sa place.

Ce n'était plus l'écolier mal vêtu et mal peigné du matin : il avait fait friser légèrement ses cheveux rebelles et lissé ses sourcils ; il avait lavé son visage et brossé ses grosses dents ; il était toujours fort laid, mais d'une laideur moins malséante, et son corps dans un habit noir boutonné avait pris certaine allure aristocratique. Sa mâchoire se dissimulait dans sa cravate de satin noir ; il portait du linge blanc très-fin.

Chacun en le regardant fit un signe ou une exclamation de surprise. Le pâle Italien sourit sardoniquement; M. Routier, l'important fabricant de Mulhouse, l'appela mon *bel* Adolphe, en ajoutant: *Séducteur!* Le magistrat de Pau, qui arrivait toujours à dîner dans une tenue irréprochable, lui dit: Bravo, jeune homme! voilà comment il convient de se montrer devant les dames ! — Et Nérine et moi, qu'il regardait avec confusion, lui adressâmes quelques paroles cordiales pour l'aider à se remettre de son trouble.

La femme du fabricant, la puritaine madame Routier, se hasarda elle-même à lui dire : Est-ce pour la belle cousine que vous attendez que vous vous êtes mis sous les armes ?

— Sans doute, balbutia le pauvre Adolphe, ne sachant à qui répondre ; je croyais que mon cousin et ma cousine arriveraient ce soir.

— Je serais très-heureux de faire leur connaissance, répliqua Routier, d'un air empressé ; je sais qu'ils tiennent à l'aristocratie vendéenne, et je suis des leurs par mes opinions. En disant ceci il se rengorgea.

Cependant l'écolier embarrassé ne cessait de regarder Nérine, qui, ce jour-là, animée et vivifiée par la marche, était d'une beauté saisissante. Le dîner fut rapide comme il l'était toujours depuis que nous n'étions plus que quelques convives. A l'issue du dîner, je faisais habituellement, seule avec Nérine, une courte promenade sur la large voie qui ondule comme un fleuve au flanc de la *Montagne Verte* et d'où l'on entend les torrents se précipiter dans les ravins. Ce soir-là il tombait une brume froide qui nous fit regagner bien vite nos chambres. Nérine m'offrit de passer la veillée dans la sienne où elle allait, me dit-elle, dessiner les fleurs cueillies le matin.

Quand nous entrâmes dans sa chambre nous la sentîmes tout embaumée des plus vifs parfums. Aussitôt que la lampe fut allumée nous aperçûmes sur la table où Nérine dessinait, deux vases de porcelaine blanche contenant deux énormes bouquets de fleurs des champs ; quelques-unes très-rares et qu'on ne trouvait que sur les plus hauts sommets et dans les anfractuosités des rocs d'où jaillissent les cascades ; à cette flore sauvage et gracieuse des Pyrénées étaient jointes quelques fleurs des jardins d'une beauté frappante. C'était une branche de roses mousseuses ; une tige de lis d'un jaune orangé et une grappe charnue de blanches tubéreuses à la pénétrante senteur.

Nous devinâmes aussitôt que ces belles fleurs étaient un don délicat du pauvre écolier. Nérine en fut touchée.

— Je dois remercier ce bon garçon, dit-elle.

Elle sonna et ordonna au domestique d'aller inviter de sa part M. Adolphe de Chaly à prendre le thé avec nous.

Quelques minutes après, l'écolier heurtait à la porte. Il vint à nous tout tremblant, et s'excusa en balbutiant d'avoir osé déposer ces fleurs dans la chambre de Nérine.

— Elles sont superbes, répondit-elle, et je vais les dessiner ce soir même dans leur fraîcheur pour en garder toujours le souvenir. Pendant que je les reproduirai, que mon amie brode et que la pluie tombe au dehors, parlez-nous donc un peu de vous, monsieur de Chaly, et dites-nous comment il se fait qu'à votre âge vous soyez aux Eaux-Bonnes seul, sans précepteur, sans mentor.

Il nous raconta avec simplicité et tristesse qu'il était orphelin ; ses parents lui avaient laissé une assez grande fortune ; il avait pour tuteur un frère de sa mère qui le négligeait, ou plutôt, dit-il, que je repousse par ma laideur et que j'ennuie par ma gaucherie. J'ai fait au séminaire des classes rapides, et sous la direction d'un vieux prêtre très-savant et passionné pour l'antiquité, des études plus fortes qu'on ne les fait dans ces communautés religieuses ; j'ai interprété, traduit et commenté avec ardeur les poëtes et les philosophes de l'antiquité ; mon maître, qui ne me faisait chercher dans les livres que la science, ne comprenait pas que j'y puisais des passions, des sentiments, et d'ailleurs quels sentiments soupçonner sous cette enveloppe ingrate que m'a donnée la nature et dont l'éducation du séminaire a perfectionné la disgrâce ? Jamais les soins d'une femme ne se sont interposés entre moi et la souffrance ;

j'ai passé par toutes les maladies de l'enfance et de l'adolescence, abandonné à l'incurie; j'ai poussé à l'aventure et gauchement. Ah! si j'avais eu ma mère, elle m'aurait *repétri* et transformé, et je ne serais pas aujourd'hui un objet de dégoût et d'étonnement pour vous toutes, mesdames. Il continua presque en pleurant : Quand j'eus fini et doublé mes classes, il y a trois mois, les médecins décidèrent que je devais venir boire les eaux aux Pyrénées ; le travail, disaient-ils, m'avait causé à la gorge une inflammation que les eaux seules pouvaient guérir. Ils ne se doutaient point, ces savants docteurs, que mon sang, ma tête et mon cœur fermentaient. Vous ne devinez pas vous-mêmes, mesdames, ce qu'un écolier attentif peut puiser de ferment et de flamme dans l'étude approfondie de la poésie grecque et latine. Mon tuteur, me jugeant un jeune cuistre parcheminé, décida que je pouvais partir et venir seul ici sans danger ; il avait raison, cet oncle élégant, au cœur sec, qui régit mes revenus ; je suis un pauvre animal qui n'attire personne, pas même les jolies servantes d'auberge ; toutes me regardent avec ironie.

En parlant ainsi à Nérine, qui par son âge aurait pu être sa mère, il lança sur elle des regards si enflammés qu'il semblait jouer, avec son malheureux visage, une parodie de Chérubin auprès de la belle comtesse Almaviva : on sentait en lui toutes les vagues aspirations et tous les tressaillements de l'adolescence. Son esprit était cultivé, son cœur ardent; il avait parfois dans ses manières une distinction native; mais tout cela était paralysé par la difformité de ses traits, par la gaucherie de son corps, et surtout par quelque chose d'indécis et d'incomplet provenant de l'éducation des prêtres. Hardi par la pensée, il était d'une timidité craintive pour l'action et commettait d'irréparables inconvenances par cette timidité insurmontable, qu'il devait à la règle et à la discipline qui l'avaient plié enfant; nous le verrons bientôt à l'œuvre.

Je m'aperçus que je le blessais en raillant un peu ses maîtres.

— Mes réflexions, lui dis-je, ressortent pourtant de vos confidences; si vous êtes content de ce qu'on a fait de vous, n'en parlons plus.

— Vous êtes dure pour ce pauvre enfant, me dit Nérine en le regardant avec bonté; voyons, qu'est-ce qu'il vous manque et que désirez-vous?

— Je veux être aimé, répondit audacieusement l'écolier en s'emparant avec ardeur de la main de Nérine qu'il porta à ses lèvres.

Elle laissa tomber le crayon qu'elle tenait, et se renversant sur son fauteuil, elle fut prise d'un éclat de rire si fou, si bruyant, que le pauvre écolier se dressa et se roidit comme piqué par une couleuvre. Nous vîmes des larmes jaillir sur son visage.

— Pardon, pardon, lui dit Nérine avec mansuétude; mais il y a quelque chose de discordant en vous qui fait que ce que vous dites ne parait pas toujours l'expression juste de ce que vous ressentez, et...

— Oui, mon visage grimace sans cesse, interrompit-il, et parler d'amour quand on est hideux c'est risible !

— Rien n'est risible de ce qui vient du cœur, reprit-elle; j'ai eu tort et je réponds maintenant sérieusement à votre question : Façonnez-vous, rejetez la dernière gourme d'une éducation malsaine, et vous trouverez un jour quelqu'intelligente jeune fille, pas trop belle, mais attrayante, à laquelle vous pourrez lier votre vie. Je vous aiderai dans la recherche de ce bel et pur amour, je vous estime d'en avoir l'aspiration et vous offre dès ce soir mon amitié.

Il se leva, me salua froidement, jeta à Nérine un regard désespéré et se disposa à sortir.

— Halte-là, dit Nérine, et trêve de sentiments; vous ne partirez pas sans prendre une tasse de thé et sans nous dire ce que c'est que cette belle cousine que vous attendiez ce soir.

— Cette cousine est la femme de mon cousin,

2.

dit l'écolier en se rasseyant; car la voix de Nérine produisait sur lui un effet électrique; cette cousine s'est tellement moquée de moi au château de mon oncle et m'a tellement molesté dans ses petits jeux, que je la déteste. Vous verrez sa physionomie de vipère; on la trouve jolie, mais je suis sûr qu'un diable habite dans ce corps féminin.

— Voilà bien une idée de séminariste! repartis-je.

— Allons, reprit Nérine, ne le tourmentez plus.

Et pour l'intéresser sans l'irriter, elle se mit à lui parler de ses voyages en artiste et en poëte. Il l'écoutait, ravi.

A mon tour je le questionnai sur ses études; son instruction était solide, mais ses lectures avaient été circonscrites aux auteurs classiques: il raillait maladroitement les autres sans les connaître, et par moments je me disais que son oncle avait raison et que c'était un petit cuistre aussi ennuyeux à écouter que désagréable à regarder. Lui, pourtant, paraissait enchanté d'être auprès de nous; il ne cessait de contempler mon amie, dont le beau cou et la tête inspirée jaillissaient pleins d'éclat d'une robe de chambre en velours noir.

Onze heures sonnèrent à l'horloge de l'hôtel.

— Il faut aller dormir, lui dit Nérine avec le ton d'une mère qui envoie coucher son enfant.

— Me permettrez-vous de vous revoir ici et de vous accompagner quelquefois à la promenade? dit-il en s'inclinant.

— Nous verrons, dit Nérine, un peu lasse de ses efforts de bonté.

L'écolier sortit d'un air piteux.

— Eh bien! m'écriai-je aussitôt qu'il fut parti, vous avez là, ma chère, un bel amoureux! c'est Chérubin sous le masque de Quasimodo.

— Il nous gâterait les attrayantes vallées et les montagnes sublimes, répondit Nérine; décidons que désormais nous le fuirons.

— Abandonnons-le aux griffes de sa cousine.

— Ah! oui, à propos, reprit-elle, ce sera peut-être une étude à faire pour vous qui écrivez des romans, que cette petite femme.

Le sommeil nous gagnait; nous nous séparâmes et dormîmes bientôt dans nos chambres parallèles de ce calme et long sommeil que procure l'air des montagnes.

A notre réveil, nous remarquâmes un mouvement inusité dans la galerie de bois et nous vîmes, en soulevant les rideaux de nos fenêtres, les garçons de peine de l'hôtel passer et repasser, déposant des caisses de voyage devant la porte de l'appartement du second étage, qui avait jour sur la promenade du

Jardin anglais. Nous comprîmes que le cousin et la cousine de notre écolier étaient arrivés. Quand la cloche du déjeuner sonna, une grande caisse à chapeaux gisait encore dans la galerie ; sur le couvercle reluisait une plaque en cuivre où était gravé en lettres anglaises le nom du marquis et de la marquise de Serrebrillant. Balzac, le grand psychologue, qui trouvait toujours une signification dans les noms propres, aurait vu dans celui-ci un assemblage de lésine et d'ostentation, et il aurait deviné juste. Les Serrebrillant, de vieille noblesse picarde, vivaient durant neuf mois de l'année, par économie, dans un petit château situé aux environs d'Amiens. C'était une habitation pittoresque et triste qui empruntait une certaine grandeur à son ancienneté. La famille se composait du vieux duc de Serrebrillant, un beau vieillard entêté, fier et ennuyeux, mais qui ne manquait pas de noblesse ; de son fils, âgé de trente-six ans, le marquis Sigismond de Serrebrillant qui venait d'arriver aux Eaux-Bonnes ; de la marquise Aglaé, sa belle-fille, et de deux petits enfants que le jeune ménage avait eus dans les deux premières années de mariage. Depuis lors l'union était devenue stérile. Fils unique, le marquis Sigismond avait été extrêmement gâté et très-mal élevé par sa mère qui était morte fort jeune. Beau ou plutôt bellâtre, ignorant, plein de morgue et de préjugés, oisif, emporté et têtu comme un enfant volontaire, c'était un cœur sec, aveugle, qui n'avait jamais été éclairé par les lumières de l'esprit. A vingt ans il prit la fougue du sang pour de la force; à trente ans, se sentant énervé et blasé, il s'imagina avoir acquis de la dignité. A vingt-sept ans, pour grossir les très-faibles revenus du domaine de Serrebrillant qui ne rapportait au père et au fils que 6,000 fr. par an, il avait épousé pour sa dot de 200,000 fr. une jeune fille de la bourgeoisie, élevée au Sacré-Cœur, et que le titre de marquise enivra. Il l'avait emmenée à la campagne où il vivait, chassant, courtisant les servantes et les jeunes paysannes, et *voisinant* avec les autres nobles du département. La jeune marquise Aglaé essaya de se distraire tant bien que mal, dans les petites fêtes qu'on lui donnait de château en château, et l'hiver, chez quelques familles aristocratiques d'Amiens; puis c'était, durant trois mois de l'année, soit un séjour à Paris, soit un séjour aux eaux. Les revenus des Serrebrillant étaient si limités et leur vanité était si grande, qu'ils devaient pondérer avec art leurs dépenses pour faire bonne figure.

Je ne sus que plus tard ces détails, mais je les aurais devinés en partie à l'examen que je fis dès le premier jour du mari et de la femme.

Lorsque nous entrâmes, Nérine et moi, dans la salle à manger à l'heure du déjeuner, nous y trouvâmes le burlesque écolier qui avait accompagné ses parents et ne nous avait point attendues selon son habitude.

J'ai dit que sa place à table était à côté du bel Italien, il s'en éloigna pour faire honneur à son cousin et à sa cousine; le marquis Sigismond s'assit auprès de l'écolier, et la jeune marquise Aglaé entre son mari et le pâle Milanais. Nérine et moi nous nous trouvâmes ainsi placées en face du couple aristocratique; j'avais à ma droite M. Routier et sa femme, les opulents fabricants de Mulhouse, qui venaient de se faire présenter par l'écolier au marquis et à la marquise; les deux maris avaient échangé quelques paroles de profession de foi politique; les deux femmes quelques mots sur l'empressement qu'elles auraient à se lier.

Quand nous fûmes tous assis, j'examinai le marquis et la marquise. Lui, ainsi que je l'ai dit, avait les traits beaux; mais ses yeux ternes et sans expression, sa bouche dure et sensuelle, ses cheveux déjà appauvris en faisaient un être dépourvu de charme; sa taille, qui avait été fort noble, s'épaississait et se voûtait légèrement; il avait le geste brusque et la parole tranchante.

Sa femme était petite et svelte; son bras, qu'on voyait à travers les flots de dentelle de sa manche, et son cou arrondi révélaient des formes mignonnes et potelées. Sa tête était assez jolie et pourtant disgracieuse; des yeux noirs pleins d'éclat, sinon d'intelligence, un front harmonieux couronné de fins cheveux noirs lustrés en bandeaux plats rendaient la moitié de son visage très-attrayante; mais l'autre moitié formait dissonance; le nez était trop pincé, la bouche trop serrée, le menton trop fuyant; le dédain, la sottise et quelque chose de mystérieusement faux se trahissaient dans la partie inférieure de son visage. Son sourire n'était jamais cordial. Elle souriait pourtant, en montrant des dents blanches, tandis que je la regardais; elle provoquait déjà du coin de l'œil le bel Italien qui restait inerte et pensif.

Nérine me fit remarquer la toilette de la petite marquise qui était excessive pour cette heure matinale; elle portait une robe en taffetas rayé où le blanc, le vert myrte et le vert azoff s'alternaient; la jupe avait une ampleur démesurée qui se déployait jusque sur les vêtements de ses voisins de table. Le corsage collant dessinait tout le modelé de la taille; des manches flottantes doublées de soie blanche, s'échappaient des dentelles; un bracelet en camées de corail rose se jouait autour de son poignet gauche, un autre camée plus grand du même corail fermait son col en valenciennes. Elle semblait ravie d'elle-même et sûre de nous écraser toutes par son élégance et sa jeunesse; cependant quand le vieux magistrat de Pau assis à la gauche de Nérine demanda galamment de ses nouvelles à sa belle voisine, comme il appelait mon amie, et que celle-ci lui répondit avec grâce de sa voix timbrée, la petite marquise leva son nez pointu et parut décontenancée en voyant cette vraie et simple beauté qui, malgré l'âge et la souffrance, gardait encore une extrême puissance.

La robe de chambre en cachemire bleu que portait Nérine flottait comme un péplum sur sa taille de Vénus de Milo, et ses beaux cheveux dorés, relevés et réunis vers la nuque, se gonflaient en molles ondulations autour de son front inspiré.

— C'est une femme artiste, murmura avec un demi-sourire de dénigrement la petite marquise à son mari.

Puis, se tournant vers le bel Italien dont elle voulait évidemment attirer l'attention, elle lui dit d'un ton hardi :

— Vous ne mangez pas, monsieur, et je le conçois bien; tous ces mets sont détestables!

— Je ne sais s'ils sont bons ou mauvais, répondit le marquis mourant, avec l'indulgence d'un vrai grand seigneur et l'indifférence d'un malade; je n'ai pas faim.

— Je vous en félicite, car tout est exécrable, dit le marquis de Serrebrillant; puis se tournant vers sa femme : Oh! ma chère, où donc est notre cuisinier? quel régime nous allons suivre ici, et quel service! je crois, Dieu me pardonne, que les couverts sont en Ruolz!...

— Monsieur le marquis doit avoir une vaisselle plate héréditaire, dit le riche fabricant de Mulhouse en s'inclinant vers le marquis.

— Mais sans doute! répondit le marquis Sigismond, avec nos chiffres et nos armes.

Nérine se mêla indirectement à la conversation.

— Avez-vous vu, monsieur, à l'Exposition universelle, dit-elle en s'adressant au magistrat de Pau, les magnifiques surtouts et la vaisselle en Ruolz destinés à la maison de l'Empereur?

— Oui, madame, c'était somptueux.

— Depuis que le service de table se fait à l'anglaise, reprit Nérine, et qu'à chaque plat, fourchette et couteau sont enlevés, il en faut un nombre si inouï, que l'argent des mines de la Sibérie et l'or des placers de la Californie n'y suffiraient point.

—C'est très-vrai, dirent presque tous les assistants.

— Il est donc indispensable d'opter, ajouta Nérine, entre l'élégance et la propreté du service anglais, seulement possible avec une argenterie Ruolz innombrable, ou l'ancien service français en vaisselle plate restreinte et qui n'admettait pas le changement de couverts.

— Je crois, madame, que la vaisselle de nos ancêtres était préférable à celle de nos parvenus modernes, répliqua le marquis.

— Oui, monsieur, comme objets d'art, les coupes et les aiguières de Benvenuto Cellini, qui figuraient à Fontainebleau sur la table de François Ier, l'emportaient mille fois sur les surtouts modernes, quoique Froment-Meurice ait fait aussi des chefs-d'œuvre en ce genre ; mais les seigneurs de la cour et le roi lui-même mangeaient alors tous les mets avec la même fourchette et souvent dans la même assiette. Avec le service de table à l'anglaise, je me borne à dire que l'argenterie Ruolz est impérieusement imposée, même aux souverains ; je n'en fais pas une question d'art.

A propos de François Ier, continua-t-elle en se tournant vers moi, savez-vous, ma chère, que sa sœur, la belle Marguerite des Marguerites, reine du Béarn, venait ici même de son château de Pau, à dos de mulet, boire les eaux? Mais alors la source bouillonnante ne s'abritait pas sous l'affreuse bâtisse que nous voyons aujourd'hui, elle jaillissait fumante de la *roche de l'Espérance*, dont les flancs et le sommet étaient revêtus d'arbres. Les lèvres inspirées de la princesse poëte buvaient à même de la naïade bienfaisante sans qu'un garçon en tablier blanc rinçât son verre et lui mesurât sa ration.

D'autres fois, à propos d'une promenade dans quelque gorge sauvage, Nérine nous parlait de la chanson de Roland, cette merveilleuse épopée française du XIe siècle.—Les courtes descriptions des vallées, des montagnes et des gaves des Pyrénées qui sont çà et là dans cette poésie guerrière, nous disait-elle, attestent la vérité des peintures toujours fraîches et immortelles des grands poëtes. Aujourd'hui comme au temps de Roland, nous retrouvons « *l'herbe verte où coulent les torrents; les longues vallées où le son pénètre et se répercute; les ténébreux défilés au bord des gaves rapides, et ces rochers de marbre d'où le Sarrasin épiait le héros français mourant.* » Homère ainsi a décrit quelques rivages, quelques collines de l'Asie Mineure avec une telle précision que, l'Iliade ou l'Odyssée en main, le voyageur les reconnaît encore aujourd'hui.

C'est ainsi que de la causerie la plus simple, Nérine faisait toujours jaillir soit un aperçu d'art, soit un souvenir historique, soit un sentiment, soit une fine raillerie. Sitôt qu'elle daignait parler, elle captivait tous les esprits; les plus simples, les moins cultivés l'écoutaient naïvement. Les prétentieux, comme le fabricant de Mulhouse, disaient :

— C'est une fière femme! il n'y a rien à lui apprendre; quel dommage qu'elle soit si émancipée en politique et en religion et qu'elle reçoive ici la visite d'actrices de Paris!

— Quelle horreur! s'écriait la petite marquise Aglaé, jamais je ne parlerai à cette femme; elle fait bien de ne pas venir le soir au salon.

— Elle fait très-mal, répliquait le magistrat de Pau, car sa conversation universelle nous distrairait.

— Ceci n'est pas galant pour moi et pour madame Routier, reprenait en minaudant la petite marquise; et vous, monsieur, qu'en pensez-vous? ajoutait-elle en se tournant vers l'Italien mourant qui, le soir, restait quelquefois au salon à demi-étendu sur un canapé.

— Moi, madame, rien ne peut me distraire.

Et, en effet, les premiers jours il resta muet et indifférent à toutes les coquetteries d'Aglaé, mais insensiblement il y trouva une sorte de distraction qui étourdissait une heure sa souffrance corrosive. La désœuvrée marquise s'ingéniait pour ranimer ce beau spectre. Chaque jour c'étaient des toilettes étourdissantes; l'après-midi elle proposait des promenades faciles en calèche, et chargeait l'écolier et M. Routier d'y entraîner le jeune Milanais; le soir elle se mettait au piano et lui jouait les airs de Rossini, de Bellini et de Verdi qu'il préférait; à table, elle lui offrait des mets sucrés, préparés par sa femme de chambre; d'autrefois du gibier que son mari avait tué à la chasse ou bien des truites qu'il avait pêchées, ou bien encore des champignons qu'il allait chercher dans les rochers; le marquis Sigismond aimait ces distractions innocentes, et la rusée marquise l'y poussait chaque jour; elle lui avait persuadé que le grand air et le mouvement incessant étaient indispensables à sa santé et au maintien de son appétit; or, comme manger était la souveraine volupté du marquis, il suivait en aveugle les conseils de sa femme.

Tandis qu'il s'en allait à travers les vallées ou restait des heures entières au bord des torrents, une ligne à la main, elle s'établissait dans le vaste salon de l'hôtel de France où l'Italien demeurait une partie de la journée étendu. La vertueuse et modeste madame Routier sauvegardait Aglaé contre les railleries des habitants de l'hôtel en s'asseyant parfois auprès d'elle, un ouvrage de tapisserie à la main; mais fine et souple comme une bourgeoise qui veut plaire à une patricienne, elle prétextait tantôt un peloton de laine oublié dans sa chambre, tantôt une migraine subite qui la forçait à aller respirer l'air, tantôt des lettres pressées à écrire; alors Aglaé restait seule avec l'Italien; ceux qui traversaient le salon constataient le tête-à-tête mais se gardaient de le troubler.

Dans ces entrevues prolongées que le marquis poitrinaire glaçait au début par sa stupeur silencieuse, Aglaé déploya toutes les ressources de la science féminine pour *enguirlander*, suivant l'ingénieuse expression russe, le bel Italien. Elle en vint même, le caressant dans son patriotisme, la seule passion qu'il sentît encore, à faire des vœux pour l'indépendance de l'Italie et pour la chute de l'Autriche, elle qui ne rêvait, à l'exemple de son mari et de son beau-père, que le rétablissement de tous les anciens privilèges du droit divin et de la noblesse.

Un homme est toujours flatté, sinon ému, des câlineries d'une jeune femme; quand il est mourant et ne peut plus songer à l'amour, il se plaît à une illusion qui fait courir en lui quelques effluves de vie.

Deux fois par jour, le matin à neuf heures, l'après-midi à quatre heures, tous les buveurs d'eau se rencontrent invariablement à l'établissement thermal qui s'ouvre sur une terrasse ombragée de platanes; là sont des bancs où l'on s'assied, et par les chaudes journées, l'Italien, Aglaé et madame Routier y faisaient de longues haltes. La petite marquise variait à l'infini ses toilettes recherchées : le matin c'étaient les plus délicieux peignoirs en mousseline imprimée dans toutes les nuances, et des chapeaux *Diana-Vernon* aux ailes retroussées où se jouaient tantôt de longues plumes ou des traînées de fleurs grimpantes.

Elle avait un certain goût d'ajustement, non pas le grand goût, mais celui d'une élégante de la Chaussée d'Antin ; l'après-midi c'étaient des robes en taffetas ou en grenadine à trois, cinq, sept et neuf volants d'une circonférence incommensurable ; des mantelets de dentelles noires ou blanches, des chapeaux en paille de riz ou en crêpe, une explosion de tout le luxe enfoui à Amiens durant neuf mois de l'année ; toilettes ruineuses qui exaspéraient le mari, mais qu'Aglaé se faisait imperturbablement envoyer de Paris par sa mère. C'était, comme on le verra, une femme très-résolue que notre petite marquise. Elle toisa bien vite la nullité de son mari et sut museler sa brutalité. Elle avait sur lui un rare avantage : elle était restée intacte et immaculée à ses yeux et à ceux de tout le département de la Somme, tandis que le pauvre mari, dans sa fougue maladroite, avait eu, même depuis son mariage, plusieurs aventures ébruitées parmi le beau sexe plébéien, et s'était mis un peu à la merci de sa femme.

Ostensiblement Aglaé professait l'intolérance des passions; elle avait toutes les raideurs du langage et suivait une règle religieuse étroite et ponctuelle qui parangonait sa vertu; chaque matin elle allait à la messe; chaque soir aux prières récitées ou chantées dans la petite chapelle des Eaux-Bonnes; parfois même elle jouait de l'orgue tandis que les voix incultes et sonores des montagnards béarnais entonnaient les psaumes qui s'élevaient majestueusement agrandis par les échos des montagnes. Elle tenta vainement d'entraîner le bel Italien au mysticisme; elle avait beau lui dire qu'elle priait pour lui; il se révoltait contre ce mélange de coquetterie provocante et de dévotion d'apparat.

Nous savions ces détails, Nérine et moi, par l'écolier qui trouvait un plaisir malin à surveiller la marquise et le bel Italien.

Ce pauvre Adolphe de Chaly, malgré les admonestations de ses nobles parents, s'obstinait à nous suivre ou plutôt à nous rencontrer dans nos promenades. Chaque jour il apportait des fleurs à Nérine et chaque jour lui aussi faisait des toilettes inouïes pour atténuer sa laideur. Il m'empruntait les livres nouveaux que je recevais de Paris; essayait de causer art et voyages avec Nérine, et tous les soirs, avant de regagner sa chambre, nous faisait demander un moment d'entretien. Nérine refusait presque toujours, car dans l'incurable tristesse qui était sa seconde nature, ce garçon mal venu et forcément burlesque l'ennuyait; mais parfois, dans l'espérance d'égayer mon amie et de me divertir moi-même, j'insistais pour que le jeune Adolphe fût introduit. Alors il nous narrait, en enfant indiscret et envieux de ces tendres mystères, ce qui s'était passé dans la journée; les évolutions redoublées d'Aglaé autour du mourant et la résistance tantôt passive et tantôt fébrile de celui-ci.

— Elle en triomphera! lui disais-je en riant.

— Non, non, il est trop malade, répondait naïvement ou peut-être malicieusement Adolphe; il ne songe qu'à recouvrer assez de force pour se mettre en voyage et revoir son pays.

— Je n'aime pas que vous vous fassiez ainsi l'espion de votre jeune cousine, lui disait sérieusement Nérine; son intérêt pour cet étranger qui se meurt est tout simple et ne peut impliquer le but que vous supposez à cette jeune femme; son mari est jeune, beau, ils doivent faire en définitive excellent ménage, malgré quelques coquetteries apparentes qu'il ne nous appartient pas de juger.

Nérine, dont la droiture était extrême, ne croyait jamais à la duplicité et à l'hypocrisie.

Aux paroles de mon amie, l'écolier répondait très-nettement :

— Je ne vous ai pas caché, madame, que je détestais ma cousine, qui s'est toujours moquée de moi et m'a de tout temps méchamment molesté parce que je suis laid et disgracieux; et quant à vous, madame, vous êtes bien bonne de la défendre, car elle ne vous ménage pas.

— Et que m'importe? répliquait Nérine en haussant les épaules; que sait-elle de mon caractère et de ma vie?

— Mais elle invente, reprenait l'écolier; votre esprit, votre indépendance de caractère et la solitude même où vous vivez, tout lui est motif à calomnies; enfin elle vous trouve impie, parce que vous n'allez pas à l'église aussi souvent qu'elle.

— Regardez les fleurs que je viens d'ombrer, repartait Nérine, et dites-moi s'il n'y a pas plus de charme dans l'ondulation de leurs tiges que dans tout ce que vous venez de me conter là! Plus un mot sur ce sujet, ou je vous ferme ma porte.

L'écolier s'excusait et regardait Nérine avec des yeux suppliants; cette femme distinguée exerçait sur lui une invincible attraction et une sorte d'autorité.

Malgré l'indulgence ou plutôt l'indifférence de Nérine à l'égard de la petite marquise, tout ce que le pauvre Adolphe nous avait dit sur elle était d'une rigoureuse exactitude ; elle voulait à tout prix lier une intrigue avec le bel Italien, et ne cessait de faire rage contre Nérine dont la grâce simple et l'esprit éminent la désarçonnaient à toute rencontre. A table la lutte recommençait invariablement entre ces deux natures si différentes : l'une grande et bonne, l'autre mesquine et malveillante. J'ai dit que dès le premier jour le couple des Serrebrillant avait affecté de se plaindre du service et de critiquer tous les mets. A chaque repas c'étaient des plaintes nouvelles auxquelles s'associaient complaisamment et bruyamment les époux Routier. On eût dit d'un chœur de la tragédie antique renchérissant sur les lamentations du dialogue d'un roi et d'une reine.

— Monsieur, disait alors le marquis Sigismond au fabricant de Mulhouse, si vous me faites visite dans mon château de Serrebrillant, je vous promets que vous y ferez une autre chère ! Je n'ai jamais moins de huit plats de viande, de volaille, de venaison et de poisson à chaque repas.

— C'est princier, vraiment princier ! répondait le fabricant d'un air révérencieux.

— Et je vous prie de croire, monsieur, reprenait le marquis, que le service est à l'avenant.

Ce disant, il gourmandait les garçons et les filles de service sur leur incurie et les traitait d'imbéciles et de patauds, comme eût fait un ancien marquis de comédie. Aglaé s'associait à l'impertinence de son mari; aussi tous les domestiques avaient-ils pris en grippe le marquis et la marquise qui à la morgue ajoutaient la lésine. On savait qu'ils faisaient laver leur linge par la femme de chambre de madame; qu'ils ne donnaient rien aux pauvres, marchandaient avec tous les loueurs de voitures et de chevaux et avaient choisi pour médecin un petit docteur sans clientèle, décoré de l'ordre de Saint-Wladimir. Cette gent béarnaise, très-perspicace et très-madrée, saisissait au vol la conversation de la table d'hôte; ironies, allusions, luttes cachées, rien ne lui échappait; debout derrière nos chaises, garçons de table et servantes constataient, aussi bien que nous le faisions nous-mêmes, le contraste de l'aménité de Nérine avec l'aigreur de la petite marquise.

Outre les convives habituels de la table d'hôte et les voyageurs qui passaient et s'arrêtaient pour dîner, nous avions parfois quelques invités qui logeaient aux autres hôtels des Eaux-Bonnes.

Un jour, Nérine m'annonça qu'elle avait prié à

dîner son docteur et une actrice qu'elle avait connue en Italie, et qui venait d'arriver aux eaux. Le docteur était un médecin de Paris, qui, durant toute la saison, avait eu la clientèle des princes et des princesses ; homme d'esprit et de science, ami de Nérine, dont le salon était à Paris un point de réunion où toutes les intelligences de l'époque se rencontraient. Le docteur Herbeau lui donnait des soins assidus. Quand elle souffrait et se montrait découragée, il redoublait de sollicitude, et lui disait, dans son amitié courtoise :

— Je ne veux pas qu'une de nos étoiles s'éteigne !

Le docteur arriva vers l'heure du dîner, donnant le bras à l'actrice, une grande et belle femme qui avait fait une de ces toilettes d'une richesse élégante dont les Parisiennes ont seules le secret ; Nérine et moi, nous nous étions habillées avec goût et nous formions, je dois l'avouer, un trio séduisant, assez redoutable à la grâce un peu étriquée de la petite marquise. Elle nous toisa d'un regard aigu, et prononça à voix basse quelques réflexions malveillantes qui firent sourire la puritaine madame Routier ; puis se tournant tout à coup vers Adolphe de Chaly qui causait avec nous, elle l'appela impérieusement, et je devinai qu'elle lui demandait le nom de la dame étrangère engagée à dîner ; à peine l'écolier l'eut-il nommée que la petite marquise fit un soubresaut et cambra sa tête en arrière avec l'insolence d'une prude effarouchée.

— Si nous sortions, ma chère! dit-elle à madame Routier.

Mais le marquis Sigismond, qui avait envie de voir et d'entendre l'actrice, retint sa femme en lui disant :

— Qu'importe! vous ne serez pas à côté d'elle.

Le bel Italien, qui venait d'entrer, fit plus que la voix du mari; il salua Aglaé; cela suffit pour la retenir.

En ce moment un garçon de service annonça que le dîner était servi.

Nérine, l'actrice, le magistrat de Pau, le docteur, l'écolier et moi occupions la moitié de la table; nous causâmes bientôt avec animation de littérature, de voyages, d'art, et de nos promenades dans les environs; le marquis, la marquise, le bel Italien, deux ou trois autres convives et les époux Routier qui tenaient l'autre côté de la table, nous écoutaient sans prononcer une parole ; seulement le marquis Sigismond, très-frappé des charmes de l'actrice, lui prodiguait des œillades d'ours alléché, et se hasardait même à quelques paroles galantes.

La marquise avait beau heurter du coude son mari et lui lancer des regards courroucés, le marquis persistait ; son attrait l'emportait sur sa morgue. Indignée à la fois contre son mari et dépitée d'être laissée à l'écart et dans le silence, la marquise redoublait d'agaceries auprès de l'Italien, son voisin de gauche ; mais celui-ci, plus accablé et plus morne qu'à l'ordinaire, lui répondait à peine. L'irritation de la petite femme allait croissant et se traduisait en rougeurs subites qui coloraient ses pommettes et son nez d'une façon désagréable. Tout à coup, n'y tenant plus, elle dit au beau Milanais :

— Concevez-vous, monsieur, qu'on admette à notre table des femmes de cette espèce ?

Et elle désignait insolemment l'actrice.

L'Italien, feignant de ne pas comprendre, lui répondit en la regardant d'un air vague :

— Mais, madame, de quelle femme parlez-vous ?

— Eh ! de cette actrice, reprit-elle presque à voix haute.

— Oui, je conçois qu'on recherche les comédiennes répliqua-t-il avec une sorte de cynisme affecté, car j'en ai beaucoup vu et beaucoup aimé à Venise.

La petite marquise devint très-pâle, de pourpre qu'elle était.

Nérine, qui n'avait pas perdu un mot de ce dialogue et qui craignait qu'il n'eût été entendu de l'actrice, dit aussitôt à celle-ci avec la liberté et l'à-propos d'esprit qui ne l'abandonnaient jamais :

— Vous devez connaître mademoiselle Martel, des Variétés ? Elle était aux Eaux-Bonnes il y a quelques années. Une princesse régnante y était aussi. Un soir, dans ce même salon de l'hôtel de France où nous allons tantôt prendre le café, on donnait un bal de souscription; mademoiselle Martel vint, accompagnée de sa mère ; elle était très-jolie et mise d'une façon exquise, elle fut sur-le-champ engagée pour une contredanse. Mais une petite comtesse provinciale qui se trouvait en face de l'actrice, abandonna subitement sa place et menaça même de quitter le bal si, disait-elle, cette *créature* y restait. Aussitôt la jeune souveraine s'approcha de la pauvre artiste, tremblante et épouvantée, et lui dit avec une grâce affable en lui tendant la main :

— Mademoiselle Martel veut-elle bien me faire vis-à-vis ?

Des murmures d'approbation s'élevèrent dans tout le salon ; la jeune actrice fut invitée par tous les hommes et protégée par toutes les femmes, si bien que la petite comtesse se vit contrainte de s'enfuir et d'aller se coucher.

Tandis que Nérine parlait, la marquise trépignait de colère ; mais il n'y avait pas moyen d'éclater, sous peine d'attester que l'apologue était à son adresse.

L'Italien, qui ne riait jamais, écouta le récit de Nérine avec un sourire approbateur; ce fut une irritation et aussi une contrainte de plus pour Aglaé qui dut étouffer sa rage et attendre dans ce supplice la fin du dîner. Enfin elle put se lever et entraîna sur ses pas son mari et les époux Routier; l'écolier résista à l'ordre qu'elle lui donna de la suivre, elle se tourna vers l'Italien et dardant sur lui ses plus perçants regards :

— Le temps est radieux, lui dit-elle, ne venez-vous pas à la promenade?

— Non, madame, répondit-il, je crains l'humidité du soir.

Et il s'étendit à demi sur un des canapés du salon tandis que nous prenions le café. Aglaé sortit avec un geste d'Hermione : au lieu de se rendre à la promenade, elle monta dans sa chambre, puis nous la vîmes aller et venir dans la galerie de bois. L'écolier nous dit :

— Ma cousine est furieuse, et j'aurai le contrecoup de sa méchanceté refoulée; elle s'est débarrassée de son mari et des Routier pour rester seule; que médite-t-elle?

Et se penchant ensuite vers l'Italien, il ajouta à demi-voix :

— Prenez garde à vous !

Le malade répondit d'un geste qui signifiait :

— Que m'importe?

Puis il retomba dans son silence et sa rêverie.

Nérine proposa au docteur et à l'actrice d'aller dans sa chambre voir des albums.

— Vous ne voulez pas de moi? lui dit l'écolier en rougissant.

— Vous nous rejoindrez plus tard pour prendre le thé.

— Et pour vous porter mes observations, reprit-il, car je suis bien certain que ma petite cousine va rentrer ici aussitôt que vous n'y serez plus.

En effet nous fûmes à peine assis dans la chambre de Nérine, autour de la table ronde où étaient ses dessins, que nous entendîmes le piano du salon retentir sous les doigts nerveux de la petite marquise; elle jouait avec frénésie les airs les plus passionnés des opéras de Verdi; son jeu était ferme, rapide, entraînant; sa colère intérieure lui prêtait une sorte d'inspiration. Le magistrat de Pau, l'employé du chemin de fer de Toulouse et deux ou trois autres convives applaudissaient et craient : bravo! Le bel Italien se soulevait et semblait aspirer dans cette musique ardente une émanation de l'âme de la patrie absente.

— Continuez, continuez, lui disait-il en extase.

Et Aglaé, radieuse de l'attention qu'il lui prêtait, joua jusqu'à l'épuisement de ses forces.

Enfin elle se leva comme brisée, et, s'approchant de l'Italien, elle lui dit en se penchant vers lui :

— Aucune de ces trois femmes n'aurait pu vous causer cette émotion ! Oh ! vous ne me connaissez pas ! mais, demain, vous me connaîtrez. Et furtivement, elle glissa une lettre dans la main dont il soutenait sa tête affaissée.

L'écolier seul entendit, vit et comprit cette scène, qu'il vint aussitôt nous raconter en riant.

Nérine voulut lui imposer silence, mais j'avoue que je le poussais à nous dire tous les détails.

— Cette lettre est un rendez-vous, j'en suis sûr, poursuivait l'écolier, je saurai l'endroit, je les épierai et je verrai tout.

— Je vous le défends, s'écria Nérine.

— Laissez-le donc faire, dit l'actrice; cette petite marquise a été assez impertinente envers nous.

— Mais vous poussez cet enfant à l'espionnage, reprit Nérine.

— Bah ! dit le docteur, il ne sort pas pour rien d'un séminaire.

— Voltairien ! murmura Nérine.

— Docteur, je ne suis pas un espion, répliqua l'écolier, mais je me venge, et je venge ces dames; ma cousine n'a de la femme que la forme, c'est un vrai serpent fornicateur.

— Toujours des images bibliques, m'écriai-je, oh! mon pauvre Adolphe, comme vous sentez la soutane!

— Allons, madame, ménagez-moi ou je ne vous dirai rien de ce que je verrai demain.

Nous nous séparâmes bientôt en convenant avec l'actrice que nous la prendrions le lendemain pour faire une promenade dans une des gorges des montagnes voisines des *Eaux-Chaudes*. Le docteur ne pouvait nous accompagner, ayant à soigner ses malades. Quant à l'écolier, malgré sa vive attraction pour Nérine, il s'obstina à suivre à la piste sa cousine détestée.

Le lendemain, le ciel était d'une transparence admirable et le soleil splendide s'irradiait sur ce profond azur. Les plus hauts sommets des montagnes se détachaient avec netteté sur le bleu vif de l'éther qui semblait avoir la solidité du saphir ; les versants des monts, les bois, les cultures, les villages, les ravins, tous les détails du paysage apparaissaient en relief. Cette immense sérénité de la nature influe sur les plus tristes et les plus malades ; la pureté extrême de l'atmosphère se dégage pour ainsi dire dans l'âme et le corps, et il est des heures où les mourants et les désespérés ressentent une force et une joie soudaines.

C'est dans ces dispositions heureuses que nous sortîmes pour faire notre promenade après le déjeuner, auquel la petite marquise ne parut point.

— Le marquis Sigismond, dit M. Routier, est parti dès l'aube pour une chasse lointaine. Madame Routier ajouta que la marquise était un peu souffrante. L'écolier manquait aussi au déjeuner, et nous pensâmes, Nérine et moi, qu'il avait suivi son cousin à la chasse.

Le visage du bel Italien, toujours si froid et si morose, trahissait ce matin-là une agitation et une inquiétude qui le coloraient par intervalles et le rendaient plus expressif. Sa toilette était plus soignée qu'à l'ordinaire ; il se leva de table après avoir pris une tasse de chocolat et deux verres de vin de Bordeaux ; sa démarche paraissait affermie ; on eût pu croire qu'il revivait ; lui aussi semblait subir l'influence de la température vivifiante qui nous pénétrait tous d'un souffle énergique.

Après le déjeuner, nous nous hâtâmes, Nérine et moi, d'aller chercher l'actrice ; et bientôt nous chevauchions toutes trois, sur la route des Eaux-Chaudes. Nos petits chevaux basques, fringants et doux, allaient d'un bon pas ; un guide nous précédait. Le gave aux flots écumeux rugissait à notre droite ; des rochers formidables s'élevaient à perte de vue au-dessus du chemin ; ils interceptaient pour ainsi dire la lumière si vive du jour et faisaient de la route que nous suivions un défilé sauvage et ténébreux. A peine si une éclaircie du ciel ondoyait au-dessus de nos têtes, là-haut, là-haut, entre les sommets de cette double chaîne de monts.

Bientôt la montagne s'échancra à gauche et nous laissa voir une espèce de petite vallée où serpentait un cours d'eau tranquille bordé d'arbustes et de pelouses ; sur la rive opposée à celle que nous suivions, des rochers d'un aspect moins sombre que ceux du défilé s'échelonnaient en larges gradins, qui formaient comme une succession de terrasses. Ici, c'étaient des assises de marbre blanc, plus loin des pentes perpendiculaires, revêtues d'un gazon touffu, sur lequel se précipitaient de petites sources qui allaient grossir le cours d'eau du vallon. On eût dit un immense manteau de velours vert rayé d'argent. Au-dessus de cette décoration se groupaient les bois de noirs sapins alignant leurs colonnades régulières ; puis des rocs dénudés d'un gris-pâle et blancs au sommet puis le ciel d'un bleu de lapis-lazuli.

Nérine, frappée par la beauté de ce lieu, nous proposa de nous y arrêter, ou plutôt de franchir le cours d'eau et de monter jusqu'au bois de sapins dont l'ombre devait être délicieuse par cette chaude journée. Le guide nous avertit que nous ne pourrions arriver à cheval à ce plan de la montagne, et qu'il nous faudrait gravir, pour y parvenir, un petit sentier frayé dans le roc par les bergers. Loin de nous arrêter, la perspective de cette ascension pédestre nous parut très-attrayante; l'air vif semblait nous prêter des ailes. Le guide nous conduisit à un endroit où le cours d'eau était guéable; il nous fit mettre pied à terre, et après avoir attaché par la bride nos quatre chevaux au tronc d'un hêtre, il s'élança le premier au milieu des pointes de roc et des gros cailloux qui saillissaient des flots clairs, puis il nous tendit son bras pour atteindre l'autre rive. L'actrice riait beaucoup en posant ses petits pieds délicatement chaussés sur les pierres mouillées; le bord de nos robes flottait sur la blanche écume; le montagnard béarnais qui nous guidait avançait d'un pied ferme; son costume rouge se détachait pittoresquement sur le paysage; ses cheveux bouclés se jouaient dans l'air; je m'appuyai sur son poignet raidi; l'actrice suivait cramponnée à mon épaule et, tenant la main gantée de celle-ci, Nérine, toujours distraite et insoucieuse du péril, s'avançait à son tour; nous formions ainsi une sorte de chaîne. Parvenues à l'autre rive, nous aperçûmes, après avoir franchi un bouquet de bois nains, le sentier qui grimpait dans la montagne. **Le guide nous dit** que nous n'avions qu'à monter toujours, qu'il allait rejoindre les chevaux et faire un somme, qu'au retour nous l'appellerions pour repasser l'eau.

Nous étions si charmées de la beauté du jour et de celle du paysage, que nous gravîmes sans fatigue une partie du rude sentier.

A mesure que nous montions, l'étroite vallée qui s'allongeait à nos pieds nous déroulait toutes ses grâces. Les petites sources qui tombaient des montagnes se jetaient en gazouillant dans le lit du torrent, aujourd'hui tranquille, mais qui, en hiver, se précipitait bruyamment. Les bords fleuris et boisés offraient à la base des grands rocs une suite de bosquets et de lits de gazon ; on eût voulu se reposer là durant les brûlantes journées de la canicule.

De la hauteur où nous étions parvenues, nous voyions notre guide étendu au pied d'un hêtre ; déjà il s'était endormi tandis que nos chevaux paissaient avec tranquillité ; je fis remarquer à Nérine qu'à peu de distance des nôtres, deux autres chevaux étaient attachés sous un bouquet d'arbres ; aucun guide ne les gardait. Sur la selle d'un de ces chevaux était jeté un long manteau.

— Nous allons probablement, dit l'actrice, rencontrer les deux cavaliers à qui appartiennent ces chevaux abandonnés.

— Justement il me semble entendre des bruits de voix, ajouta Nérine.

Quelques paroles inintelligibles avaient en effet passé dans l'air ; mais les voix montaient du bord du torrent au lieu de descendre de la montagne.

— Ceux qui parlent, repartis-je, sont restés sur la rive à l'abri de quelque bosquet, et nous ne les rencontrerons point là-haut.

— Tant mieux, répliqua Nérine, des promeneurs avec qui il faudrait échanger des paroles banales me gâteraient cette belle solitude.

Nous venions d'arriver sur un plan de la montagne tout couvert de végétation et où le sentier que nous suivions s'encaissait dans la bordure d'argent de deux petits gaves murmurants. Celui de droite prenait sa source juste au-dessus de nos têtes, dans un creux profond du roc ressemblant à une grotte en miniature. Quand nous eûmes passé cette source, nous nous arrêtâmes sur le rocher qui la couvrait d'un dôme ; il était tapissé de capillaires et de lichens. Nous nous assîmes sur ce moelleux divan, contemplant de nouveau la petite vallée où les chevaux continuaient à brouter. A dix pieds de distance au-dessous de nous, sur le bord du gave dont nous dominions la source, nous vîmes quelque chose se mouvoir dans une touffe de fougère. Nérine me dit :

— Voilà peut-être les cavaliers à qui appartiennent les deux chevaux.

Mais comme elle parlait, une tête s'allongea au-dessus des feuilles dentelées de la fougère, et je reconnus le profil grotesque de l'écolier. Que faisait-il là, tapi, presque immobile et retenant son haleine? Nérine devina qu'il s'était placé en embuscade pour espionner sa cousine, et dans sa loyauté tranchante elle allait l'appeler. Je la détournai de son dessein en lui faisant comprendre que débusquer l'écolier et nous faire voir était la plus grande humiliation que nous puissions causer à la petite marquise, si en effet elle était venue là pour quelque rendez-vous mystérieux.

— Comme elle est duplice et méchante, elle supposera, ajouta l'actrice, que nous l'avons suivie.

— Eh bien! alors, dit Nérine, montons bien vite et bien haut jusqu'au bois de sapins pour nous mettre au-dessus du soupçon.

— Malheureusement, lui répondis-je, nos chevaux qui sont là-bas nous accuseront toujours.

— Mais est-ce vraiment la petite marquise que cet écolier espionne? reprit l'actrice; n'est-ce pas plutôt vous qu'il a voulu suivre? poursuivit-elle en s'adressant à Nérine.

— Cela se pourrait bien, répliquai-je en riant, car il est toujours sur ses pas. Laissez-moi faire; attendez-moi là, je vais descendre, sans bruit, jusqu'à sa cachette, et je le forcerai à s'expliquer.

J'avoue qu'un peu de curiosité me poussait et que je ne partageais pas l'extrême et délicate réserve de Nérine à l'endroit de l'impertinente et hypocrite marquise. Laissant mes deux compagnes de promenade derrière le roc surplombé de la source, je descendis rapidement le long de l'eau jaillissante et j'arrivai comme une bombe sur la tête de l'écolier. Au froissement des feuilles de la fougère qui se courbaient sous mes pieds, il leva son nez tordu et me dit tout effaré, à voix très-basse :

— Quoi, vous aussi, madame, vous avez voulu voir ! Eh bien, regardez, là, en bas, sous nos pieds, mais ne parlez pas !

Je dirigeai mes regards dans la direction du geste de l'écolier, et j'aperçus Aglaé et le bel Italien, sur un petit promontoire de pelouse où croissaient quelques arbres et qui s'avançait dans l'eau du torrent. Lui était étendu sur le gazon et reposait sa tête sur une branche pendante ; il semblait exténué de lassitude, et sa pâleur inanimée me frappa d'épouvante, la lumière qui filtrait dans le feuillage vert des arbres projetait sur sa face la lividité de la mort. Les joues empourprées de la petite marquise contrastaient avec ce beau visage à l'aspect sinistre. Elle parlait avec feu, et, sans pouvoir entendre toutes ses paroles, je devinai qu'elles étaient fort tendres à l'éclat des yeux et à l'expression des lèvres. Elle était mise avec une extrême coquetterie qui la rendait attrayante : elle portait une amazone en batiste écrue, dont la queue flottante ondoyait en ce moment sur son bras. Des grecques brodées en soie noire formaient des bordures au bas de la jupe, et par devant montaient en trois rangs jusqu'au corsage collant qui dessinait à ravir sa taille svelte; ce corsage était fermé par des boutons d'onyx; le bras potelé s'agitait dans l'ampleur de la manche; dans sa main gauche la petite marquise tenait une fine cravache à pomme d'argent oxidé ciselée, dont elle battait l'herbe fleurie, tandis qu'elle tendait l'autre main au malade couché à ses pieds. Sur ses noirs cheveux, disposés en bandeaux et se jouant de chaque côté du cou en une longue boucle, était posé un chapeau rond aux ailes retroussées en paille d'Italie bordé d'un velours noir. Deux longues plumes noires s'enroulaient sur la passe et retombaient par derrière. A la distance d'où nous la regardions la petite marquise était vraiment jolie dans ce costume. Elle avait saisi la main du jeune homme impassible, toujours étendu au pied de l'arbre; elle lui parlait avec une vivacité croissante et en élevant tellement la voix que ce lambeau de phrase monta jusqu'à nous :

— Quoi! vous me repoussez?

A ces mots, l'écolier eut un petit éclat de rire de satisfaction que je réprimai d'un regard. L'énorme touffe de fougère où nous nous étions abrités nous cachait si bien, qu'il était impossible que nous fussions vus; mais on pouvait nous entendre.

Cependant le bel Italien avait fait un effort et s'était levé; il dit quelques paroles véhémentes parmi lesquelles j'entendis :

— Ne voyez-vous pas que je touche à la mort!

Il voulut faire quelques pas pour s'éloigner; mais elle, bondissante et furieuse, lui fit un geste impératif avec sa cravache, et s'écria :

— Non pas, non pas! laissez-moi partir d'abord et ne me suivez point.

Le malade obéit comme quelqu'un qui ne demandait pas mieux que de rester seul et en repos. Nous le vîmes se rasseoir sans même la regarder partir. Elle courait vers les bords du torrent, brisant les jeunes pousses des arbres sous sa cravache sifflante; elle atteignit le gué, et, sans tourner la tête, elle sauta rapide et légère sur les pierres glissantes; la traine de son amazone pendait dans l'eau; un moment je craignis de la voir trébucher, mais elle toucha comme un trait l'autre rive et s'élança sur un des deux chevaux qui paissaient sans guide l'herbe mouillée. Tout à coup, elle se cabra et s'arrêta net en apercevant le Béarnais qui gardait nos trois chevaux. C'était un des guides les plus connus aux Eaux-Bonnes. Elle lui demanda qui donc il avait conduit, et parut un peu rassurée quand elle apprit que nous avions suivi le sentier des bergers pour monter, sans nous détourner, jusqu'à la région des sapins. Alors elle fouetta son cheval et le précipita au galop sur la route plus large.

Sitôt qu'elle eut disparu, l'écolier me dit en soulevant sa grosse tête au-dessus des touffes de fougères :

— A présent je vais rejoindre le pauvre abandonné et recevoir ses confidences.

— Ce serait fou et méchant, répondis-je; prouvez-moi que votre espionnage n'était qu'une espièglerie en ne parlant à personne de ce que nous avons vu.

— A personne, je vous le jure; mais ceci ne m'empêche pas de rejoindre l'Italien qui, ne sachant pas d'où j'arrive, me recevra très-bien, je vous le promets, ne serait-ce que pour l'aider à monter à cheval.

— Je vous défends, du moins, de me nommer à lui, ni moi, ni ces dames, car vous savez bien que le hasard seul a dirigé de ce côté notre promenade. Nérine ne vous pardonnerait jamais si vous attiriez sur elle l'indigne soupçon qu'elle a voulu surprendre votre cousine.

— Oh! soyez tranquille, balbutia le pauvre Adolphe d'un air soumis, je ne m'exposerai point à un reproche de votre amie.

— C'est bien, lui dis-je, et je me hâtai de le quitter et de rejoindre Nérine et l'actrice, qui m'attendaient impatientes, au-dessus de la source.

Je leur racontai ce que j'avais vu. L'actrice se mit à rire d'une façon moqueuse et narquoise en répétant :

— Voilà bien ces femmes du monde, dédaigneuses et prudes!

Nérine me dit :

— Je regrette amèrement d'avoir fait ici une promenade. Quoique la petite marquise me soit antipathique, je la plains, car peut-être est-elle entraînée par l'amour. Nous avons surpris son secret; promettons-nous loyalement qu'il restera enseveli dans cette solitude.

— Vous comptez sans l'écolier, reprit l'actrice en riant; c'est un singe méchant qui prendra plaisir à ébruiter l'aventure.

— Tant pis pour lui, ajouta Nérine; mais pour nous, nous n'en parlerons pas, c'est bien convenu.

Nous nous engageâmes toutes les trois au silence

et recommençâmes à gravir le sentier abrupte de la montagne.

A mesure que nous montions et que la magnificence du paysage se déroulait devant nous, le front de Nérine, toujours triste et pensif, s'éclairait pour ainsi dire de la sérénité de l'atmosphère ; la nature seule avait le pouvoir de lui rendre ce calme radieux que les souffrances de la vie lui avaient enlevé. Dans ces moments-là elle était vraiment d'une beauté transfigurée ; son âme, redevenue inspirée et vaillante, éclatait sur ses traits rajeunis ; elle parlait avec enthousiasme des tableaux grandioses de la création ; elle comparait certains aspects des Alpes et des Apennins qui l'avaient frappée dans ses voyages à ceux que ces monts des Pyrénées étalaient alors sous nos yeux. Sa vive imagination peuplait tout à coup les solitudes diverses qu'elle avait parcourues de quelque scène d'amour ou de patriotisme empruntée aux grands poëtes ; elle s'oubliait pour s'identifier avec les beautés de la terre et les grandeurs de l'histoire ; elle participait alors à la vie universelle de la nature et de l'humanité, et transportait sa pensée bien au delà de notre globe circonscrit ; elle nous disait, souriante, en tournant son beau regard vers le firmament :

— Devant ce ciel incommensurable où roulent par

milliers des mondes inconnus dont nos yeux découvriront ce soir le scintillement, mon âme s'apaise et prend en dérision les angoisses qui l'ont torturée. Que sont en face de l'immensité nos peines bornées et nos larmes d'un jour!

— Vous êtes sublime, répliquait l'actrice semi-railleuse, ce qui ne m'empêche pas de sentir mes pieds meurtris par la pointe des rochers.

— Nous voici arrivées! lui cria Nérine, qui nous devançait souriante et forte et qui venait d'atteindre le plateau de la montagne qu'ombrageait le bois de sapins. Certes, un pareil spectacle vaut bien une écorchure au pied, de même que les grandeurs qu'acquiert l'intelligence ne sont pas trop payées par les blessures du cœur.

En parlant ainsi, elle était debout sous les sapins superbes qui faisaient jaillir sur elle, à travers leurs rameaux en pyramides, la lumière rouge du soleil frappant en ce moment d'aplomb au-dessus de leur cime.

Quand nous fûmes parvenues à ses côtés, nous nous sentîmes tout à coup à la hauteur des idées de Nérine; d'un peu emphatiques qu'elles nous avaient semblé d'abord, elles devenaient simples et naturelles dans ce cadre immense qui leur était si merveilleusement approprié. Nous gardâmes toutes les trois le silence.

L'actrice le rompit la première.

— C'est grand ! s'écria-t-elle, grand comme Shakespeare, grand comme Beethoven, grand comme le Faust de Goëthe, grand et calme à nous faire trouver petit et fou notre premier amour trahi, qui faillit nous précipiter dans la Seine.

— Bien, très-bien ! lui dit Nérine, en lui serrant la main ; vous m'avez comprise et vous ne me trouvez plus ridicule.

— Il ne s'agissait, ajoutai-je en riant, que de monter jusqu'à cette esplanade de la montagne pour atteindre à votre diapason : si nos forces nous permettaient d'aller jusqu'au sommet, nous serions dans le ciel !

— Nous serions dans la brume, reprit Nérine, de même que les esprits qui planent toujours arrivent au vertige.

— C'est en bas et devant nous qu'il faut regarder, dit l'actrice. Quel machiniste puissant fixera jamais un tel paysage dans un décor d'opéra ?

De l'immense terrasse perpendiculaire où nous étions assises, nous voyions autour de nous plusieurs fragments titaniques de la chaîne des Pyrénées ; à droite, c'était le pic du Ger qui au-dessus de la source des Eaux-Bonnes projetait son sommet blanchi dans l'azur du ciel : des montagnes moins hautes ondulaient en courbes irrégulières jusqu'à la gorge des Eaux-Chaudes que nous avions traversée en venant. A gauche, dominant la vallée d'Ossau, le pic du Midi, comme le roi de tous ces rocs énormes, les dépassait de la hauteur d'un géant écrasant des nains; c'était le point culminant de cette partie des Pyrénées que nous embrassions du regard; les vallées ombreuses, les villages, les cultures se nichaient entre les fentes des montagnes comme les enfants se cachent dans les plis des robes maternelles; les torrents jaillissaient des cimes neigeuses ou des sources enfouies dans les entrailles des monts; çà et là, à côté d'un roc dénudé, des arbres aux troncs moussus suspendaient une forêt sombre; sur les versants les plus bas s'étalaient les champs de maïs; des vaches et des troupeaux de moutons paissaient sur les pelouses.

Le soleil éblouissant répandait une lumière diverse sur les crêtes inégales des montagnes. Quelques sommets resplendissaient et semblaient en feu, tandis que, dans les défilés étroits, formés par des rocs perpendiculaires, ses rayons se perdaient dans le gouffre d'une ombre noire. Sur les carrières de marbre blanc, éventrées au milieu de quelque mont, jaillissait une pluie d'étincelles qui semblaient pétiller sur une nappe de neige. Au-dessus de l'eau des gaves, flottait une flamme nacrée; le jour dorait au loin la route à découvert qui serpentait à nos pieds, mais il s'éteignait dans les ténèbres des roches pendantes et humides qui bornent la route des Eaux-Chaudes.

Dans la petite vallée où nous avions laissé nos chevaux tout était lumière, elle y tombait du ciel bleu sans qu'un roc s'interposât sur son passage; aussi chaque détail nous apparaissait-il, d'en haut, avec une précision et un relief inouïs. Nous distinguions jusqu'aux dentelures du feuillage des arbres, jusqu'à la forme des cailloux que le gave élargi et paresseux caressait en fuyant; nous apercevions notre guide qui, avec la lame de son couteau espagnol, coupait une branche de merisier et s'en sculptait une canne.

— Mais regardez donc, dit tout à coup l'actrice, voilà le bel Italien et Adolphe de Chaly qui passent ensemble le gué!

En effet, le grand écolier dégingandé qui, à cette distance, paraissait tout petit, tendait son bras musculeux au malade pour lui faire franchir le torrent. Arrivé sur l'autre bord, il prit sur la selle du cheval le manteau que nous y avions vu, et en enveloppa avec soin l'Italien qui paraissait saisi d'un frisson, puis il l'aida à monter à cheval, se plaça en croupe derrière lui et dirigea lui-même l'animal impatient que la main affaiblie du cavalier n'aurait pu conduire.

— C'est un bon garçon! dit Nérine.

— C'est un malicieux garnement qui poursuit ses investigations! répliquai-je.

— C'est l'amalgame du bien et du mal, comme dans tous les êtres, ajouta l'actrice.

Le cheval qui emportait l'Italien et l'écolier disparut bientôt dans le défilé des Eaux-Chaudes qui conduit aux Eaux-Bonnes. Nous parcourûmes le premier carrefour du bois de sapins; Nérine cueillit çà et là quelques belles fleurs sauvages qu'elle voulait dessiner; puis nous commençâmes à descendre le sentier à pente droite. Nérine était en tête, alerte et fougueuse; elle s'asseyait parfois sur le roc uni et s'y laissait glisser comme un enfant en jetant un petit rire clair qui nous stimulait et nous poussait derrière elle. Nous arrivâmes ainsi rapidement à la base de la montagne, sans souci de nos robes et de nos chaussures déchirées, et toutes vivifiées par le grand bain d'air d'une journée magnifique.

Nous remontâmes à cheval; et ce fut alors que notre guide nous répéta les questions que la petite marquise lui avait adressées. Nérine redevint soucieuse à l'idée que cette femme pourrait la soupçonner. Bientôt nous mîmes nos chevaux au galop; l'air était froid dans la gorge sombre où s'engouffrait la route;

nous la franchîmes sans nous parler et nous arrivâmes aux Eaux-Bonnes vers l'heure du dîner. L'actrice nous quitta et nous eûmes à peine le temps, Nérine et moi, de changer de robes ; le second coup de cloche nous avertit qu'on se mettait à table.

Cette cloche nous fit tressaillir ; pour la première fois depuis notre arrivée aux eaux ; il nous semblait que quelque scène saisissante nous attendait à ce dîner habituellement ennuyeux. Dès notre premier regard en entrant dans la salle à manger, nous comprîmes que notre attente serait déçue : l'acteur principal manquait au drame espéré, la place du bel Italien était vide.

En revanche, le marquis Sigismond était revenu de la chasse, il avait l'air victorieux ; le fabricant de Mulhouse le complimentait sur ses prouesses.

— Quoi ! monsieur le marquis, s'écriait-il, un lièvre, trois perdreaux et six cailles ! c'est superbe !

— J'espère bien que vous allez y goûter, monsieur, répliqua le marquis Sigismond.

Le sieur Routier s'inclina obséquieusement.

— Mais, ma chère, où est donc votre noble voisin de gauche, reprit le marquis Sigismond en s'adressant à sa femme, qui rougit imperceptiblement, j'aurais voulu que lui aussi fît honneur à ma chasse.

— C'est à notre cousin qu'il faut en demander des

nouvelles, répliqua Aglaé avec aplomb, ils ne se quittent plus.

— En effet, dit l'écolier terrible, en essayant de fixer son œil louche sur sa cousine, j'ai fait aujourd'hui une assez longue promenade en croupe derrière lui; je l'avais rencontré exténué au bord du gave des Eaux-Chaudes, et je n'ai pas voulu l'abandonner à l'aventure de son cheval. En arrivant il s'est senti la fièvre et s'est mis au lit.

—Pauvre jeune homme, murmura la petite marquise de l'air le plus naturel du monde, si nous avions prévu sa défaillance nous aurions insisté pour qu'il nous accompagnât en calèche, madame Routier et moi; mais il s'est obstiné à monter à cheval et à partir seul pour les Eaux-Chaudes.

— C'est très-imprudent, répliqua le mari.

—Grondez aussi votre femme, dit madame Routier, n'a-t-elle pas fait aujourd'hui une immense course à pied jusqu'à la cascade du gros hêtre?

— Juste à l'opposé de la route des Eaux-Chaudes, répliqua malicieusement l'écolier.

—J'ai gagné à cette excursion un appétit de montagnarde, reprit Aglaé en riant; aussi, mon ami, vais-je dévorer votre gibier.

Et elle regarda presque tendrement son mari.

Nous suivions tous ses mouvements : elle fut

d'abord craintive et troublée, nous observant à la dérobée; puis rassurée par notre air de parfaite ignorance et par la mesure que l'écolier avait mise dans ses paroles, elle se raffermit, affecta une sorte de gaîté, parla de la beauté de la cascade qu'elle avait vue et s'efforça même d'être aimable avec Nérine en lui offrant une caille tuée par son mari.

Quand le dîner fut terminé et que l'écolier nous rejoignit dans le jardin anglais où nous respirions l'air, Nérine et moi, il nous dit en ricanant :

— Ma petite cousine enrage; mais il faut qu'elle avale son chagrin comme les nègres avalent leur langue, sans sourciller; elle aura beau faire, le roman est fini.

— Contez-moi donc le dénouement? lui dis-je.

— Je ne veux rien savoir ! s'écria Nérine.

— Permettez, repris-je en entraînant l'écolier, moi je veux tout entendre.

— Elle va se fâcher, balbutia Adolphe en tournant vers Nérine sa pauvre tête attristée. Mais j'avais saisi son bras et je le forçais à me suivre et à parler.

Il m'apprit que, suivant le projet dont j'avais voulu le détourner, il avait rejoint l'Italien, resté étendu au pied d'un arbre après le départ d'Aglaé éperdue, et que celui-ci, avec le laisser-aller d'un mourant et d'un cœur ennuyé, lui avait raconté la folle tentative de sa cousine pour réveiller en lui l'amour ! L'écolier poursuivit : L'amour ! s'est écrié le bel Italien, en se levant et en s'appuyant plus pâle contre le tronc de l'arbre, l'amour, ce n'est pas le caprice de cette petite marquise ! l'amour, c'est pour moi Milan et ma belle Venise que je veux revoir, je ne donnerai pas le souffle de vie qui me reste à une femme ; je le garde pour mon pays ! Et se soutenant sur mon bras, il m'a dit : Marchons ! je me sens froid. C'est alors que je l'ai aidé à passer le gué et que je l'ai ramené ici ; il a été pris par la fièvre en arrivant et m'a annoncé qu'il quitterait demain les Eaux-Bonnes. Je crois bien qu'il tiendra parole !...

— Gare à votre cœur, mon jeune Adolphe, répondis-je en riant, votre cousine dépitée va reporter sur vous ses coquetteries.

Le lendemain l'Italien ne parut pas au déjeuner, et nous apprîmes que dès l'aube il avait quitté les Eaux-Bonnes en chaise de poste.

Tout le monde remarqua la pâleur de la petite marquise et la contraction de ses traits. Ce départ subit l'avait bouleversée ; sa vanité outragée n'avait pas même les représailles du dédain et de la gaîté qu'elle eût sans doute affectés en face de l'Italien ; il etait parti sans regret et insoucieux de la colère d'Aglaé. Sur qui reporter désormais sa coquetterie oisive et maladive? Le magistrat de Pau et l'ancien négociant breton ne se prêtaient guère par leur âge et leur gravité à ses agaceries; l'employé du chemin de fer de Toulouse, quoique plus jeune, était toujours affublé d'une longue redingote qui lui donnait l'aspect d'un ministre protestant; sa conquête aurait paru trop bourgeoise à la marquise; restaient les deux Espagnols, M. Routier et l'écolier; les deux Espagnols étaient assez jeunes et assez beaux pour la tenter, mais ils partaient dans trois jours, et ne savaient pas un mot de français. M. Routier était ennuyeux et uniforme comme une de ses fabriques de toiles peintes dont il parlait toujours pour en démontrer la belle ordonnance. Quant à l'écolier, il fuyait la compagnie de sa petite cousine, et s'attachait à nos pas le plus qu'il pouvait; mais il la tenta tout à coup dans son dénûment, comme une proie qu'elle eût voulu mordre et bafouer; elle l'avait déjà torturé dans les jours d'ennui de sa vie de château. Par lui, elle espérait d'ailleurs satisfaire la curiosité et l'envie instinctive que lui inspirait Nérine. Mais l'écolier, qui s'*enflammait* de plus en plus pour mon amie, resta inexpugnable aux pressantes attaques de la petite marquise, si bien qu'elle dut faire intervenir madame Routier, puis son mari, pour obliger Adolphe à l'accompagner à la promenade.

L'écolier résista bravement, ou, s'il feignait de consentir à la suivre, escortée de madame Routier, il quittait tout à coup ces dames au détour d'une allée pour courir à la recherche de Nérine, qui presque toujours le renvoyait en lui faisant brusquement comprendre qu'elle voulait se promener seule.

Alors le pauvre Adolphe se perdait à travers la haute solitude des sapins et y passait la journée pour cueillir des fleurs et des mousses destinées à celle qui refusait de le voir. Cet invariable hommage irritait violemment la petite marquise : elle raillait la laideur d'Adolphe et son effervescence juvénile ; elle ne lui pardonnait point de ne pas avoir tourné vers elle sa craintive convoitise. N'était-elle pas plus jolie et plus jeune que Nérine ? Comment l'écolier pouvait-il soupirer pour cette femme qui aurait pu être sa mère ? Elle en vint à dire à son mari que, comme parent et représentant le tuteur d'Adolphe, il devait veiller sur lui et l'empêcher de former des liaisons dangereuses.

Nérine, que l'écolier ennuyait, trouvait son compte dans l'espèce de sauvegarde que ses nobles parents exerçaient sur lui ; elle en était ainsi débarrassée plus sûrement. Le pauvre enfant, traqué par les Serrebrillant et les Routier, était devenu l'hôte des bois et des grottes ; nous ne l'apercevions plus guère qu'aux heures des repas et quelquefois le soir quand Nérine lui accordait la grâce de venir prendre le thé chez elle. C'est alors qu'il nous racontait l'inquisition de son aimable cousine. Nérine en riait aux éclats et disait à l'écolier :

— Tant que votre parente n'exercera sa surveillance qu'envers vous, je la laisse faire, elle use de son droit; mais si elle devenait agressive envers moi, gare à elle, je la pulvérise d'un mot.

Dans les premiers jours qui suivirent le départ du noble Italien, la petite marquise sembla se mettre à l'abri de cette menace secrète de Nérine; désarçonnée par sa défaite amoureuse, elle avait à table et à la promenade une contenance presque accablée; ce n'était plus la sémillante femme des premiers temps, elle ne songeait plus à nous écraser par ses toilettes et son babil, l'arc était détendu et chacun remarquait son affaissement; mais insensiblement elle se roidit, et voulut rentrer en lice.

La température vivifiante des montagnes avait ranimé la beauté de Nérine en lui rendant un peu de santé, et la petite marquise s'indignait de la voir regardée et complimentée par le vieux magistrat et le vieux négociant, et par son mari même qui murmurait parfois :

— En vérité, elle a l'air fort noble.

Un jour à dîner Aglaé parut en robe pimpante et ouvrit résolument la lutte en disant à l'écolier :

— Nous comptons sur vous demain matin, madame Routier et moi, pour nous accompagner sur la montagne Verte.

— Cela m'est impossible, ma cousine, car ces dames ont bien voulu m'accepter pour guide dans une excursion au mont Gourzy, répliqua Adolphe en désignant Nérine et moi.

— Vraiment, madame, vous allez encore m'enlever ce cher enfant ! repartit la petite marquise en s'adressant tout à coup à Nérine.

— *Encore* est une superfluité de langage, répondit dédaigneusement celle-ci, car c'est la première fois que j'autorise M. de Chaly à nous suivre ; mais il nous a fait une si attrayante description d'une partie inexplorée du grand bois qui couvre le mont Gourzy, que je serai charmée qu'il nous y conduise ; libre à vous, madame, d'être des nôtres !

— Des vôtres ! murmura avec une petite moue d'étonnement la marquise.

Nérine haussa les épaules et se mit à causer avec moi.

Le lendemain, après un déjeuner rapide, nous sortîmes suivies de d'écolier, pour rejoindre nos trois chevaux basques qui nous attendaient près de l'établissement thermal. Nérine, qui n'aimait pas à se donner en spectacle, n'avait pas voulu monter à cheval dans la *Promenade des Anglais* qui réunissait à cette heure-là tout ce que les Eaux-Bonnes gardaient encore d'étrangers.

Arrivée sur le roc qui contient la source, je m'élançai sur un des chevaux ; mon amie, encore faible, ne pouvait en faire autant ; l'aide d'un guide qui la mettait en selle lui était toujours nécessaire ; l'écolier s'offrit avec tant d'insistance ; il tendait ses bras autour de la taille de Nérine d'une façon si bouffonne et si suppliante ; ses longues mains osseuses la menaçaient de si près d'une étreinte passionnée ; un feu si incandescent brûlait dans ses yeux louches, que Nérine s'écria avec une sorte de terreur burlesque :

— Oh ! monsieur, ne me touchez pas, une chaise me suffit !

Les bras de l'écolier retombèrent, sa tête s'affaissa et, obéissant machinalement à Nérine, il demanda une chaise.

— Tenez-la ferme, lui dis-je, car le roc est glissant.

Mais, soit que le pauvre Adolphe fût tenté de ressaisir Nérine, soit que l'ébullition du sang lui donnât le vertige, à peine mon amie eut-elle mis le pied sur la chaise qu'il la lâcha.

Mon cheval avait fait quelques pas en avant ; j'entendis un cri, je tournai la tête, et je vis Nérine qui avait été lancée à six pieds de distance sur le roc aigu : je me précipitai vers elle ; elle avait perdu connaissance, et le sang jaillissait d'une large blessure qu'elle s'était faite à l'aîne. Sa pâleur était effrayante ; ses grands yeux, ouverts et inanimés, ne nous reconnaissaient pas ; un moment nous la crûmes morte.

L'écolier était touchant de désespoir : il s'arrachait les cheveux ; les larmes jaillissaient sur son pauvre visage ; il répétait éperdu :

— C'est moi qui l'ai tuée ! C'est moi qui l'ai tuée !

— Vite un médecin, m'écriai-je en lui secouant le bras, courez chercher le docteur Herbeau !

Il partit comme une flèche, heurtant sur son passage tout ce qui lui faisait obstacle.

Je fis transporter Nérine sur le lit d'une maison voisine ; elle était toujours évanouie, ses beaux cheveux dénoués pendaient autour de son cou ; ses bras et ses mains, que je pressais vainement, retombaient inertes le long de son corps. Je n'oublierai jamais son image : en ce moment, elle m'apparut comme dans la mort. Enfin, après une demi-heure d'angoisse, j'eus la joie de la voir tressaillir, me reconnaître et s'étonner d'être étendue sur ce lit, entourée de plusieurs personnes qui la secouraient.

— Quelle étrange promenade avons-nous donc

faite? me dit-elle, je ne me souviens plus de rien! Pourquoi suis-je là?

Mais s'étant penchée vers moi, sa blessure lui arracha un cri et la mémoire lui revint : — Oh! ma chère, reprit-elle, dans quelle région s'est donc perdue mon âme depuis cette chute?

Le docteur arriva, il fit un premier pansement d'arnica, très-douloureux sur la blessure vive ; peu à peu le sang cessa de couler et les chairs se rejoignirent sous les compresses que je renouvelais de quart d'heure en quart d'heure. L'écolier s'était placé dans un coin de la chambre, pleurant en silence et fixant sur Nérine des yeux suppliants.

Elle lui disait en riant et avec sa bonté naturelle :
— C'est ma faute, j'aurais dû vous laisser faire et accepter votre aide, monsieur de Chaly.

Elle resta trois heures immobile, étendue; puis le docteur, après avoir examiné la blessure, lui dit d'essayer de se lever. Elle le fit avec courage et joie, car, pouvant marcher jusqu'à un fauteuil, en s'appuyant sur nous, elle acquit la certitude qu'elle n'avait aucune lésion grave. Alors, intrépide, elle nous demanda de la reconduire à l'hôtel.

Nous lui fîmes descendre, le docteur et moi, le chemin en pente ; l'écolier nous suivait; on se pressait sur notre passage; chacun saluait Nérine et lui parlait avec intérêt : elle était souriante et très-belle dans sa pâleur ; arrivée à l'hôtel, elle retint d'une manière aimable le docteur à dîner. Elle lui dit :

— Si vous restez, j'aurai le courage de dîner aussi, et me voilà guérie.

Elle faisait un grand effort pour nous cacher ce qu'elle souffrait.

Le docteur accepta l'invitation de Nérine. Je la suivis dans sa chambre pour l'aider à quitter ses vêtements déchirés, et l'écolier, émerveillé de la voir revivre, s'enferma dans la sienne pour faire un toilette triomphale.

Nérine s'enveloppa d'un burnous de Tunis en tissu noir rayé d'or ; elle groupa au hasard ses cheveux avec un peigne à galerie de sequins ; elle ressemblait ainsi à une belle Grecque. Le docteur et moi l'aidâmes à descendre au salon. Tout le monde accourut vers elle, la questionnant, la félicitant et lui exprimant une cordiale sympathie ; seuls les Serrebrillant et les Routier restèrent à l'écart sans s'informer de son état ; je regardai les femmes avec étonnement ; de ridicules elles devenaient odieuses.

L'arrivée de l'écolier m'empêcha de les toiser plus longtemps ; sa mise de plus en plus recherchée attira mon attention ; il tenait à la main un énorme bouquet de fleurs rares qu'il avait fait venir de Pau, mais cette fois, au lieu d'aller le déposer furtivement dans la chambre de Nérine, il le lui offrit ostensiblement pour fêter sa résurrection, lui dit-il avec un bon sourire.

Oh! pour le coup la petite marquise n'y tint plus, elle se crut narguée comme femme et comme parente, et, s'approchant de l'écolier, elle lui dit avec aigreur :

— En vérité, mon pauvre cousin, vous perdez l'esprit ; vous vous habillez comme un dandy, vous faites une razzia de toutes les fleurs du département ; où donc votre passion s'arrêtera-t-elle ?

Nérine redressa sa tête superbe et dit d'une voix claire :

— Vous aurez beau faire, monsieur de Chaly, vous n'égalerez jamais les séductions du noble Italien qui a pris la fuite.

Cette phrase siffla comme un trait au-dessus de la tête d'Aglaé ; elle chancela et pâlit en voyant le sourire universel qui avait accueilli les paroles de Nérine ; chacun avait compris l'allusion, même le domestique qui en ce moment annonçait que le dîner était servi.

La petite marquise serra convulsivement le bras de son mari en murmurant :

— Je suis offensée !

C'était à la fois hardi et maladroit. Avouer qu'on sentait l'allusion, c'était convenir de la vérité qu'elle renfermait : le mari ne réfléchit pas à cette déduction logique ; il prit une mine courroucée, les Routier se groupèrent autour du ménage avec des airs rogues ; mais le moyen d'éclater contre Nérine ! elle avait les rieurs de son côté, et, tranquille et souriante, elle passait dans la salle à manger, tenant à la main son splendide bouquet.

On se mit à table, et la conversation fut bientôt animée et intéressante ; seuls les Serrebrillant et les Routier gardaient le silence avec une contenance farouche. L'écolier redoublait d'empressement vis-à-vis de Nérine. J'entendis le marquis Sigismond lui dire tout bas :

— Monsieur, il faudra que cela cesse ou j'en écrirai à votre tuteur.

Adolphe baissa les yeux et n'osa plus nous parler.

Cependant il vint le soir heurter à la porte de la chambre de Nérine ; elle voulait le renvoyer, j'insistai pour qu'elle le reçût. J'étais curieuse de lui entendre raconter la fureur des Serrebrillant.

Il nous apprit que son cousin lui avait défendu de nous parler.

— Comment peut-il s'avouer blessé pour ce que

j'ai dit ? s'écria Nérine en riant ; mais songez donc que c'est se reconnaitre trompé, et en ce cas c'est à sa femme qu'il devrait en vouloir.

— Mon cousin a une lourdeur d'esprit et une satisfaction de lui-même qui l'empêchent de voir clair dans ces questions-là, répliqua l'écolier ; d'ailleurs sa femme l'a habitué...

— Voilà encore que vous calomniez votre cousine ! interrompit Nérine. Eh bien ! malgré sa légèreté et sa coquetterie je jurerais bien que tout ceci n'est qu'enfantillage et qu'elle est restée une petite femme froide et correcte.

— Ne jurez pas, madame, reprit l'écolier, et surtout tenez-vous en garde : on machine contre vous quelque vilain tour dont je ne veux pas être le complice.

— Eh ! que m'importe ! s'écria Nérine avec lassitude ; j'ai la fièvre ce soir, laissez-moi reposer ; allez en faire autant et abandonnez-moi aux foudres de vos nobles parents.

— Suis-je malheureux ! répliqua l'écolier qui avait envie de pleurer ; s'ils vous offensent, vous allez me confondre avec eux, moi qui donnerais ma vie pour vous servir et pour vous plaire !

Et, en parlant ainsi, il s'était jeté aux genoux de Nérine en répétant :

— Croyez, je vous en supplie, à mon dévoûment; je suis votre esclave, ne m'accusez jamais.

— Serais-je en effet menacée d'un grand péril? reprit Nérine; non, tout ceci n'est que burlesque; relevez-vous, mon pauvre enfant, et allez dormir en paix.

L'écolier s'éloigna; mais, quand il fut près de la porte :

— Je vous assure qu'on médite un outrage contre votre amie, me dit-il à voix basse; veillez sur elle, prévenez le docteur et ne la quittez plus.

Le sérieux de l'écolier me causa une rapide émotion; puis, je pensai comme Nérine, que ce conflit n'était que divertissant; j'en fus d'ailleurs distraite par l'état de mon amie; sa blessure s'était enflammée; elle souffrait courageusement; mais le mal devint le plus fort, sa fièvre augmentait; je la mis au lit et voulus coucher dans sa chambre pour lui donner mes soins; elle me laissa faire, car sa résistance fut tout-à-coup enchaînée par un lourd et pénible sommeil entrecoupé d'un peu de délire; elle avait les joues empourprées, la respiration sifflante : quand le jour parut j'étais fort en peine et je me hâtai d'envoyer chercher le docteur. Il me rassura et ordonna à Nérine un bain où l'on fit infuser des fleurs de tilleul. Je restai auprès de mon amie, tandis qu'elle était plongée comme une blanche naïade sous les tiges parfumées qui la recouvraient; leurs émanations bienfaisantes lui infiltraient le calme et détendaient son corps endolori.

Tout en m'occupant d'elle je m'approchais de temps en temps de la fenêtre; il y avait dans la cour un mouvement inaccoutumé; à ma grande surprise j'aperçus le marquis Sigismond et M. Routier debout dans la cage de verre où était assis devant son comptoir le bon père Taverne. Ces deux messieurs parlaient avec animation et semblaient interpeller l'hôtelier dont l'honnête et impassible visage s'empourprait de temps en temps; on devinait qu'il résistait à quelque injonction impérative du marquis Sigismond qui parlementait avec la mine hautaine et le geste du commandement. Soit qu'il eût obtenu ce qu'il demandait; soit qu'il fût découragé par la résistance du bonhomme, l'important personnage s'éloigna suivi de son humble confident.

Quand le docteur descendit de la chambre de Nérine, je le vis à son tour s'arrêter devant le bureau de l'hôtelier; celui-ci semblait lui demander conseil : le docteur lui répondait avec vivacité, et, à ma grande surprise, lui, si froid et si digne, paraissait s'impatienter, et je l'entendis même qui s'écriait en s'éloignant :

— Croyez-moi, n'en faites rien, vous vous en repentiriez.

— Mais qu'est-ce donc? me dit Nérine qui avait aussi entendu ces paroles.

Je ne sais, répliquai-je, je ne vois dans la cour que des servantes.

— Je ne voulais pas troubler la tranquillité salutaire que le bain lui procurait.

Lorsqu'elle se fut recouchée et commença à reposer, j'allai faire ma toilette pour le déjeuner : au premier coup de cloche, je descendis dans le salon, très-curieuse de revoir tous les personnages du drame bouffon qui s'agitait.

L'écolier accourut sur mon passage pour me demander des nouvelles de Nérine; je lui répondis qu'elle allait mieux, mais qu'elle déjeunerait dans sa chambre.

— J'en bénis le ciel, répliqua-t-il, elle détournera ainsi l'orage qui allait la frapper.

Je haussai les épaules sans lui répondre.

Les Serrebrillant et les Routier n'étaient pas encore dans le salon; outre les convives de la veille qui tous s'informèrent de l'état de Nérine, j'y trouvai de nouveaux hôtes attirés par les belles journées de septembre. C'était une jeune femme anglaise avec sa fille âgée de douze ans et qui semblait en avoir seulement six tant elle était mignonne, pâle et diaphane ; on eût dit qu'un souffle d'air allait l'abattre comme une des feuilles de marronniers qui commençaient à tomber; sa mère, inquiète mais inexpérimentée, la couvait du regard. Comme antithèse de cette frêle enfant, j'aperçus une femme énorme; une dame romaine à la stature formidable; son visage était encore beau, mais noyé dans l'ampleur des contours. Elle faisait avec son mari une tournée dans les Pyrénées; ils étaient arrivés le matin.

Le déjeuner commençait quand la petite marquise et son mari parurent, suivis du couple servile des négociants de Mulhouse. L'écolier les précédait et sans doute les avait avertis que Nérine n'était point là; ils se renfermèrent dans la raideur et le silence, et tous les autres convives ne s'occupèrent que des nouveaux arrivés. Le babil de la petite Anglaise nous amusait; les grands yeux noirs de cette blonde enfant petillaient d'intelligence; elle s'obstinait à ne prendre qu'une tasse de thé et une demi-tartine de beurre, et comme sa mère la pressait de manger, elle répondit en anglais, désignant la colossale dame italienne, avec une petite moue malicieuse :

— Maman, voudriez-vous donc que je devinsse aussi grosse que cette dame?

Je regardai la mère en riant. Elle me salua d'un air naïf et charmé, et, à l'issue du déjeuner, elle me demanda ce que je pensais de l'efficacité des eaux. Pouvait-elle espérer qu'elles guériraient sa fille?

— Elle se nourrit bien mal, répondis-je, au lieu d'une tasse de thé, il faudrait lui donner de la gelée de viande pour la fortifier.

— Oh! répliqua-t-elle, je la fortifie avec des petits verres de rhum!

En véritable Anglaise, elle ne comprit rien à mon étonnement, que j'exprimai d'abord par un éclat de rire et ensuite par de chaleureuses paroles pour la convaincre de changer ce régime.

Elle devina seulement que je m'intéressais à son enfant.

— Elle vivra, reprit-elle, car je l'ai mise sous la protection du *Médiateur*, et tout en parlant ainsi elle tira de sa poche un tout petit livre renfermant l'Ancien et le Nouveau Testaments. Prenez ceci; et gardez-le en souvenir de moi, ajouta-t-elle, et chaque matin mettez-vous en communication avec le *Médiateur*.

Je la remerciai de son cadeau mystique; mais, les jours suivants, ses prédications sur les thèmes de l'Évangile et ses tentatives sans trêve pour me convertir au protestantisme, me semblèrent tellement fastidieuses que j'en arrivai à comprendre l'irritation des Indiens contre les missionnaires anglais.

Lorsque j'eus rejoint Nérine, je lui parlai gaiement de ces nouveaux convives.

— Je me sens mieux, me répondit-elle, je descendrai pour dîner ; cela me distraira.

Tandis que nous causions, nous vîmes entrer la gracieuse nièce du père Taverne, une jeune femme d'une beauté rare. Elle venait offrir ses services à Nérine et s'informer si rien ne lui manquait ; elle insista pour que mon amie continuât à manger dans sa chambre ; tous les domestiques étaient à ses ordres ; descendre au salon pourrait être une grande imprudence...

Nérine la remercia, tout en déclarant qu'elle était décidée à ne rien changer à ses habitudes.

La jeune femme n'osa pas insister. Elle sortit ; mais je compris qu'elle était mécontente et confuse.

Ce jour-là tout ce qui restait de personnes distinguées aux Eaux-Bonnes vinrent à l'*Hôtel de France* demander des nouvelles de Nérine, s'inscrire ou lui faire visite : elle reçut pendant plusieurs heures, enveloppée dans les longs plis d'une robe de chambre en cachemire blanc, fixée à la taille par une cordelière en soie rouge ; ses cheveux étaient retenus dans une jolie résille en perles de corail qu'elle avait rapportée d'Italie.

L'actrice était accourue une des premières et avait dit en nous quittant qu'elle reviendrait le soir.

Toutes ces preuves de sympathie ranimèrent Nérine ; elle me paraissait si bien, que je pensais qu'elle pourrait marcher sans souffrance ; mais quand le premier coup de cloche du dîner se fit entendre et qu'elle se leva de son fauteuil pour descendre, elle poussa un cri douloureux ; sa blessure était à peine refermée ; elle se raidit, et, avec l'aide de mon bras, elle arriva jusqu'au salon ; la petite marquise et madame Routier y étaient déjà : à l'apparition de Nérine, elles s'élancèrent vers la porte et disparurent avec des airs d'Euménides. Nous les entendîmes, dans la galerie de bois, pousser des exclamations. En regardant par une des fenêtres entr'ouvertes, je vis le marquis Sigismond et M. Routier, que sans doute elles avaient avertis, descendre l'escalier et aller parlementer de nouveau devant la cage de verre du père Taverne.

Nérine, qui s'était à demi-étendue sur un canapé, me dit en souriant :

— C'est à n'en plus douter, la guerre est ouverte.

Le second coup de cloche retentit, tous les autres convives entrèrent dans le salon ; la grosse dame italienne, la jeune dame anglaise et sa frêle enfant attirèrent l'attention de Nérine. Nous passâmes dans la salle à manger, et quand nous fûmes tous assis autour de la table, nous nous aperçumes que les couverts des Serrebrillant, des Routier et de l'écolier manquaient.

Aux deux garçons qui nous servaient à table avaient été substituées deux jolies filles béarnaises qui ordinairement s'occupaient du service des chambres ; bientôt nous entendîmes un cliquetis de vaisselle et un murmure de voix dans une pièce voisine où mangeaient habituellement les voyageurs de passage qui arrivaient à l'hôtel après l'heure du repas.

Je dis tout bas à Nérine :

— Décidément il y a un camp ennemi, et votre burlesque amoureux a déserté votre cause.

— Qu'est-ce que cela signifie ? s'écria le magistrat de Pau en s'adressant aux servantes, il y a donc deux tables d'hôtes ce soir ?

— M. le marquis de Serrebrillant ne nous trouve plus d'assez bonne compagnie pour lui, ajouta le négociant breton.

— Et il faut des domestiques hommes à sa grandeur ! reprit l'employé du chemin de fer de Toulouse.

— Ma foi, nous ne perdons pas au change, répliqua le magistrat en regardant les deux jolies Béarnaises ; mais ce qui m'effraie, c'est que notre dîner est dédoublé.

— C'est vrai, dirent plusieurs voix, nous n'avons que la moitié des plats qu'on nous sert tous les jours.

— Quoi ! une seule entrée de veau et pas le plus petit morceau d'un excellent civet de lièvre dont j'avais senti le fumet en passant tantôt devant la cuisine, reprit le négociant breton.

Le tollé devint général quand on servit le rôti et les entremets sucrés ; deux poulets maigres remplaçaient les cailles et les perdrix rouges, et une fade marmelade de pommes l'excellent pudding sur lequel on avait compté.

— Allez dire à votre maître, s'écria le magistrat de Pau, en se tournant vers une des jolies servantes, avec le geste de Mirabeau à l'Assemblée Constituante, que la volonté de la majorité doit l'emporter sur le caprice d'une minorité tracassière !

— Bravo ! dis-je à mon tour, révoltons-nous, et qu'on nous donne au moins un flan à la vanille !

La petite servante, sans comprendre les paroles du magistrat, sortit pour avertir l'hôtelier que tous les convives étaient mécontents du dîner ; elle revint, apportant une tarte à la crème.

— Elle a trois jours d'existence, murmura un des Espagnols.

— Emportez-la sur la table du noble marquis! s'écria le négociant.

— Si demain on nous traite de la sorte, nous déserterons tous l'hôtel, reprit gravement l'employé du chemin de fer de Toulouse.

Les deux garçons ont-ils revêtu une livrée pour servir M. le marquis? demanda le négociant aux deux servantes.

— Non, Monsieur, ils ont gardé leurs vestes, répondit naïvement une des jeunes filles.

L'hilarité avait gagné tous les convives; la jeune mère anglaise et l'énorme Italienne riaient de nous voir rire; jamais dîner ne fut plus gai. Nérine se monta au ton général, et dit tout à coup avec un geste désespéré :

— Messieurs, vous vous plaignez d'un mauvais dîner et vous ne me plaignez pas, moi qui suis abandonnée par un infidèle !

— Oh! madame, nous serions bien heureux de le remplacer! repartit galamment le magistrat de Pau.

— Le remplacer, monsieur, y songez-vous! remplacer ce fougueux écolier de dix-huit ans, imberbe mais bourgeonné, qui m'enveloppait en tout lieu de sa présence.

> Dans ces murs, hors des murs, tout est plein de sa flamme!

s'écria-t-elle en parodiant le vers de Corneille.

— Il est en tutelle et il a cédé à la force, dit l'employé du chemin de fer de Toulouse.

— Messieurs, je dois le reconquérir; aidez-moi, ou du moins soyez témoins de mon désespoir d'Ariane:

> Le traître va passer, il faudra qu'il s'explique.

Tandis qu'elle parlait, nous nous étions levés de table et nous rentrions dans le salon. Nérine, qui ne s'y arrêtait presque jamais, s'assit sur un grand fauteuil qui trônait au milieu.

En quittant la salle où ils finissaient de dîner, il fallait absolument que les cinq transfuges fendissent le cercle que nous formions autour de Nérine.

Ce fut pour la petite marquise le défilé des Thermopyles. Elle s'avança bravement, la mine haute, le nez et les lèvres pincés et très-pâle; madame Routier l'escortait: le marquis Sigismond, pourpre de colère, et le fabricant, marchant avec assurance, formaient une seconde ligne; l'écolier suivait la tête basse. Il passa en chancelant devant Nérine, qui le saisit par le bras en s'écriant avec un accent de tragédienne:

> Cher Adolphe, arrêtez! j'ai deux mots à vous dire.

L'écolier demeura pétrifié.

Les deux couples avaient franchi la porte du salon qui s'était refermée sur eux. Cette disparition rendit quelque courage au pauvre Adolphe.

— Oh! madame, ne m'accablez pas, dit-il en s'inclinant devant Nérine, je suis assez malheureux.

<blockquote>Malheureux, dites-vous, et vous m'abandonnez!</blockquote>

répliqua Nérine toujours sur le même ton.

— Malheureux! ajouta le magistrat de Pau, quand vous avez mangé du chevreuil, du faisan et bu du vin exquis! voyons, avouez que je devine juste?

— Oui, messieurs, c'est très-vrai, mon cousin a voulu nous soumettre en nous faisant faire une chère exquise!

Nérine reprit :

<blockquote>Vous l'avez entendu, le perfide, il l'avoue,
Il a pu m'oublier dans leur lâche Capoue!</blockquote>

Elle prononça ces deux alexandrins, drapée dans sa robe de chambre comme dans un péplum.

— Madame, ne plaisantez pas, reprit l'écolier décontenancé, tout ceci est très-grave; ma cousine mettra le feu à l'hôtel plutôt que d'y rester avec vous. C'est pour calmer sa colère et celle de son mari que je ne les quitte plus ; c'est encore vous que je sers en les suivant. Ne savez-vous pas que je suis à vous à la vie, à la mort? Mais mon cousin représente ici mon tuteur ; que puis-je faire? qu'exigez-vous de moi?

C'est le cœur, c'est l'esprit, c'est l'âme qu'il me faut !

reprit Nérine d'une voix lamentable.

— Ils sont à vous, répliqua l'écolier, vos ennemis n'entraînent que le corps!...

— Je le leur abandonne, s'écria Nérine avec un geste superbe.

Un éclat de rire universel se fit entendre à ces mots auxquels la laideur de l'écolier donnait une signification si bouffonne.

Le malheureux eut des larmes dans les yeux.

— Assez! assez! dit-il avec l'accent de la prière, je sais bien que je suis hideux!

Le jeu de Nérine s'arrêta net; devant l'ironie qui blessait, elle reculait toujours. Elle tendit la main à l'écolier :

— Monsieur de Chaly, lui dit-elle, vous êtes un enfant, mais vous êtes bon, et je n'ai pas voulu vous blesser.

Il sortit en chancelant; les pans de sa redingote battaient les murs; je remarquai que ce soir-là il n'avait pas changé d'habits.

On riait encore tandis qu'il s'éloignait.

Bientôt Nérine, un peu lasse de cette scène comique, se retira dans sa chambre, où je la suivis.

Nous y étions à peine que le docteur et l'actrice arrivèrent.

— Oh! vous ne savez pas? leur dis-je en riant, sur quel volcan en ébullition repose notre amie?

— Nous savons tout, répliquèrent-ils; déjà, par deux fois, le brave Taverne a tenu conseil avec nous sur les *graves événements* qui se passent dans son hôtel.

— Et vous vous taisiez? repartit Nérine.

— A quoi bon vous troubler? reprit le docteur.

— Me troubler! mais, docteur, j'ai le calme de l'innocence; voyons, contez-moi ce qui me menace!

Le docteur nous dit alors que depuis quelques jours l'hôtelier lui avait fait part de l'ultimatum des Serrebrillant : ou Nérine quitterait l'hôtel, ou ils menaçaient de le quitter eux-mêmes.

Nérine bondit comme une lionne.

— Ils en viennent là, s'écria-t-elle, eux qui ont été les provocateurs!

— C'est ce que sait très-bien le père Taverne, reprit le docteur, aussi balance-t-il entre sa conscience et son intérêt.

— Il hésite, répliqua Nérine, mais j'en écrirai au préfet de Pau.

— Et moi, ajoutai-je, à tous les journaux de Paris.

— Et moi, au ministre de l'intérieur, fit l'actrice qui prétendait connaître Son Excellence.

— C'est ce que j'ai dit à cet honnête père Taverne, continua le docteur, je lui ai fait comprendre que non-seulement il vous devait protection, mais que, par vos relations, vous pouviez lui nuire ou le servir bien plus que ces petits gentillâtres de province.

— Et qu'a-t-il décidé? reprit Nérine.

— Il flotte... Pensez donc, poursuivit le docteur, l'héroïsme qu'il lui faudrait pour s'être déterminé d'inspiration en faveur du droit et de la justice. « Les Serrebrillant et les Routier, m'a-t-il dit, occupent toute l'aile principale de ma maison, et cette dame, que nous aimons et honorons tous, n'a qu'une chambre! Monsieur, les temps sont durs, la saison va finir, puis-je renoncer à ce profit et m'aliéner ces nobles? — Père Taverne, ai-je répliqué, vous représentez ici la bourgeoisie, vous êtes un riche propriétaire, ayez la dignité de votre situation et ne cédez pas à la morgue de ces gens-là.

«—Monsieur, vous parlez comme un journal, a répliqué l'hôtelier; mais ne sentez-vous pas que quelque parti que je prenne ma maison est compromise? Je vais réfléchir cette nuit. Ce soir ils ont consenti à dîner à part et ils m'ont donné jusqu'à demain matin pour me déterminer.

« — Pas de faiblesse! vous avez logé dans votre hôtel, les Contat, les Mars, les Talma, les de Genlis, les de Staël, et vous savez le respect qu'on leur doit. »

Taverne a relevé la tête en me disant :

«—Oui, monsieur, j'ai gardé les portraits de toutes ces personnes illustres, donnés par leurs mains, ils sont dans ma chambre.

« — Eh bien ! qu'ils vous inspirent. »

Et je me suis éloigné sur ces paroles.

— En vérité, docteur, reprit Nérine, tout ceci est d'une gaité folle et verse du baume sur ma blessure.

— Quelle amusante comédie on pourrait écrire sur cette aventure! dis-je à l'actrice.

— Écrivez-la et je la joue, répliqua la comédienne ; mais je voudrais connaître le jeune Adolphe.

— Oui, faites-le venir, dit le docteur à Nérine, lui seul peut nous apprendre ce que ses nobles parents méditent en ce moment.

Nérine agita la sonnette et envoya prier l'écolier de venir lui parler. Il se fit attendre, il prit le temps de changer de toilette.

— Quoi, madame, vous daignez encore me recevoir! dit-il en entrant d'un air radieux!

Le voilà donc connu, ce secret plein d'horreur!

s'écria Nérine! oh! monsieur de Chaly! ils veulent me faire chasser d'ici et vous êtes avec eux!

— Non, madame, non! depuis que je vous ai quittée, j'erre dans les montagnes et je suis résolu.

Et il se précipita aux pieds de Nérine en saisissant sa main.

— Il est bon! dit l'actrice en pouffant de rire, il ressemble à Odry dans son jeune temps.

— Je vous jure, poursuivit l'écolier, que jamais ils ne m'entraineront à vous manquer de respect; ma détermination est prise irrévocablement.

— Et quelle est-elle? fit Nérine.

— Madame, je pars demain dès l'aube; je fuis, désespéré, de cet hôtel où la discorde est entrée : mais vous me permettrez de vous revoir à Paris; vous ne repousserez pas celui qui est tout à vous!

Et l'écolier, suppliant, était toujours à genoux.

— Relevez-vous, répliqua Nérine en lui tendant sa main à baiser; cette heure vous sacre mon chevalier.

L'écolier imprima ses grosses lèvres sur les doigts effilés de mon amie.

— Oh! madame, soyez bénie! dit-il en sanglotant.

— Aurait-il du cœur? murmura l'actrice.

— Bien, très-bien, jeune homme, ajouta le docteur avec une solennité bouffonne ; souvenez-vous que vous entrez dans la vie ! entrez-y par la porte dorée : courtoisie et chevalerie auprès des dames ! Vous étiez perdu si vous aviez déserté ce drapeau ; songez aux conséquences de l'oubli du serment que vous venez de faire ! Fidèle à madame, les cœurs des femmes et les salons parisiens vous sont ouverts ; félon, vous êtes repoussé du monde et proscrit par l'amour.

— Monsieur le docteur, je ferai mon devoir, s'écria l'écolier avec une sorte d'enthousiasme, puis se tournant vers Nérine :

— Adieu, madame, adieu, demain j'aurai quitté les Pyrénées ; j'irai vous attendre à Paris.

— C'est bien, lui dit-elle, vous êtes un brave cœur?

Et elle serra la main de l'écolier. Le docteur et moi en fîmes autant.

L'actrice se leva, et tendant à son tour sa main au pauvre Adolphe, elle lui dit avec un sérieux comique :

— Voudriez-vous bien vous charger de ma part d'une commission auprès de votre cousin?

— Laquelle, mademoiselle?

— Dites-lui qu'il s'est rangé volontairement lui-même, dans la catégorie des maris de Molière.

Elle dit le mot et non la périphrase.

— Eh! mademoiselle, répliqua l'écolier; voilà longtemps qu'il y est dans cette catégorie.....

L'actrice l'interrompit en répétant le mot prohibé comme un écho et avec l'intonation du cri du coucou.

— Mais chut! fit Nérine, on pourrait vous entendre.

L'écolier, le docteur et l'actrice partirent, et cette dernière, dans la galerie de bois, poussait encore le cri réprobateur.

Nérine me dit : Il n'y a que les comédiennes pour avoir de ces hardiesses-là.

— Et les femmes du xviie et du xviiie siècles, repris-je, madame de Sévigné et madame du Châtelet n'auraient pas hésité à en dire autant; aujourd'hui l'on veut être plus raffiné.

Nous nous séparâmes dans l'attente des événements du lendemain.

Quand j'entrai le matin dans la chambre de Nérine, elle me demanda si l'écolier était parti.

— Non, ma chère, et j'ignore le motif qui l'a fait changer d'idée; le principal domestique de l'hôtel, ajoutai-je, vient de m'avertir qu'il n'y avait pas de table d'hôte, et que chacun se réunirait à qui il lui plairait. J'ai répondu que je déjeunais et dinais avec vous.

— Ceci est une concession du père Taverne, reprit Nérine; voilà donc le glorieux parti que lui ont inspiré les portraits des artistes célèbres.

— Vous verrez que ce mezzo-termine va tourner à la confusion de nos ennemis. Habillez-vous vite et descendons au salon, la péripétie approche; il faut y concourir debout.

Nérine se leva gaîment quoiqu'elle souffrit beaucoup. En elle la volonté gouvernait l'être.

Nous nous rendîmes au salon à l'heure précise du déjeuner; aussitôt nous fûmes entourées par les convives qui avaient dîné avec nous la veille; tous déclarèrent qu'ils voulaient rester dans notre compagnie.

— Vous voyez bien, dis-je à Nérine; c'est un commencement de victoire.

On nous servit à déjeuner, non dans la salle où était dressée la table d'hôte, mais dans le petit salon où s'étaient réfugiés le jour précédent nos antagonistes.

Nous nous plaçâmes sans observation autour d'une table ronde; mais le magistrat de Pau, qui entra le dernier, s'écria :

— Qu'est-ce à dire? le père Taverne a failli et baissé pavillon devant l'insolence des Serrebrillant !

Cela ne se peut; acceptons ce déjeuner puisqu'il est servi et qu'avant tout il faut manger chaud; mais déclarons à l'unanimité que nous quitterons tous l'hôtel si ce soir nous ne sommes pas réintégrés dans la grande salle à manger.

On en vint aux voix et chacun opina dans le sens du magistrat. Nous ressemblions à une chambre délibérante, Nérine jouait le rôle d'une reine qui ouvre la session; les domestiques nous écoutaient avec crainte et respect. L'un d'eux sortait de temps en temps pour aller apprendre au père Taverne où en étaient nos déterminations.

Après le déjeuner, nous nous rangeâmes tous en bataillon carré sur le parapet qui borde l'hôtel en face du *Jardin anglais*. L'hôtelier qui, à cette heure, venait là chaque jour ne parut point. Une chaise de poste s'arrêta devant la porte d'entrée où nous étions réunis, deux Anglais, accompagnés de leurs domestiques, descendirent de cette chaise. L'un des Anglais était un membre assez célèbre du Parlement. La jolie nièce du père Taverne leur demanda s'ils voulaient déjeuner; ils répondirent que c'était fait, mais qu'il dîneraient à table d'hôte après une excursion à cheval dans les environs. La jeune femme se hasarda à dire qu'il n'y avait plus de table d'hôte.

— Pas de table d'hôte ! répliqua un des Anglais, oh ! tant pis, car c'est amusant ; mais dans ce cas, nous allons loger ailleurs.

Le magistrat de Pau intervint aussitôt avec une autorité dictatoriale :

— Messieurs, dit-il aux deux Anglais, madame se trompe, elle vous a mal compris et s'est mal expliquée : Il y a une table d'hôte, nous en faisons tous partie et vous y trouverez une charmante compatriote, ajouta-t-il en désignant la jeune dame anglaise.

Les Anglais repartirent :

— Oh ! tant mieux ! nous sommes bien aise !

Et ils firent décharger leurs malles tandis que la nièce du père Taverne se précipitait vers la cage de verre où était renfermé son oncle pour lui raconter ce qui venait de se passer.

Dès ce moment le parti de l'honnête hôtelier fut irrévocablement pris, et comme s'il se fût décidé spontanément, bien qu'il eût hésité deux jours, son corps se redressa avec majesté et sa tête eut une attitude fière. Il reparut sur le seuil de la porte de son hôtel et nous dit qu'il nous donnait satisfaction, qu'il s'inclinait toujours devant la majorité et qu'il était heureux de voir que nous avions tous embrassé le parti de Nérine ; que c'était le parti du droit et de la justice ; qu'il était trop attaché aux principes de notre grande révolution pour ne pas le reconnaître; qu'il avait en vain essayé de tout concilier; mais que puisque ces nobles étaient intraitables, ils pouvaient partir. Ils seront donc toujours les mêmes, ces nobles orgueilleux! ajouta-t-il en forme de péroraison; ils pensent que tout leur est dû, qu'ils sont d'un autre sang que le nôtre, qu'ils peuvent être insolents impunément; et, parodiant un mot célèbre, il ajouta :

— Ils n'ont rien oublié, ni rien appris !...

— Bravo! père Taverne, m'écriai-je, nous vous voterons une couronne civique !

Et tous nous complimentâmes bruyamment l'hôtelier un peu confus, car il sentait bien intérieurement qu'il ne méritait qu'à demi cette ovation.

Nérine nous dit avec la justesse de son esprit :

— Un hôtelier n'est pas tenu d'être un héros, et je vous déclare que la conduite prudente de celui-ci me satisfait entièrement; c'est celle d'un Ulysse bourgeois.

Cependant, la petite marquise, son mari et les Routier, se reposant sur le pacte conclu à grand'peine avec le maître de l'*Hôtel de France*, étaient allés faire une promenade dans la vallée d'Ossau. Quant à l'écolier, il avait la fièvre, disait-on, et s'était enfermé dans sa chambre.

Le drame approchait de son dénoûment. La cloche du dîner sonna, et jamais, depuis le départ des princesses, la table d'hôte n'avait été servie avec autant de soin et de recherche qu'elle le fut ce jour-là. Par un accord tacite, tous les convives, hommes et femmes, s'étaient vêtus d'une toilette élégante pour faire honneur à ce repas de réintégration. Nérine portait une robe de soie lilas qui s'harmoniait à ravir avec son teint pâle et nacré; autour de sa chevelure, elle avait enroulé des barbes de tulle illusion qui, fixées à la nuque par une aiguille orientale, retombaient sur ses épaules. Je ne la vis jamais si belle et si gaie.

Nous venions de finir le potage quand j'aperçus tout à coup dans la galerie qui dominait la salle à manger, le marquis Sigismond et le sieur Routier nous observant; ils n'en croyaient pas leurs regards. Quoi! nous mangions à la table d'hôte, et Nérine, assise à la place d'honneur, nous présidait! Ils se promenèrent quelques instants à grands pas, heurtant la balustrade de leurs bottes et gesticulant avec fureur; bientôt nous les vîmes disparaitre; ils coururent au comptoir du père Taverne.

— Vous nous bravez, monsieur, dit Serrebrillant; plus un mot, nos comptes, vite...

— Voici, messieurs, répliqua l'hôtelier avec flegme, ils sont tout prêts.

— Bien; voilà votre argent.

— Merci, monsieur le marquis.

— Allez-vous-en au diable! murmura le gentillâtre.

— Monsieur, dit Routier en s'approchant du père Taverne, tandis que le marquis s'éloignait, vous perdez votre hôtel; il ne sera plus fréquenté désormais que par de petites gens.

— Je m'y résigne, monsieur, répliqua l'hôtelier avec un sang-froid de Spartiate.

Un quart d'heure après, nos ennemis quittaient l'*Hôtel de France*, faisant transporter leurs bagages dans une maison habitée par leur médecin, un vrai drôle décoré de l'ordre de Saint-Wladimir. Les deux dames sortirent furtivement comme pour faire une promenade, leurs maris partirent avec des airs de Rodomont et en malmenant les domestiques; l'écolier ne les rejoignit qu'à la nuit close, mais il les rejoignit.

— Est-ce possible que mon amoureux m'abandonne? dit le soir Nérine au salon avec un joyeux étonnement.

— Madame, il y a eu force majeure, répliqua l'employé du chemin de fer de Toulouse; le marquis Sigismond a menacé son cousin de lui couper les vivres et de ne pas payer ses dettes de l'hôtel. Le marquis représente ici le tuteur d'Adolphe de Chaly. Que vouliez-vous que fît ce malheureux enfant?

— Qu'il errât dans les bois et se nourrît de baies, répondit Nérine.

— Pour errer dans les bois, il ne s'en fait pas faute ; il y a passé la journée enfoncé dans les carrefours les plus sombres, et il est résolu d'y vivre jusqu'au moment de son départ, tant la crainte de vous rencontrer, après son parjure, le remplit d'épouvante.

— Je suis ravie de ce dénoûment de sa passion, dis-je à Nérine.

— Et pourquoi donc, chère?

— Parce que désormais vous ne me disputerez plus ma proie; l'écolier m'appartient: c'est un bon sujet d'analyse et de dissection, je puis le peindre en pied ou l'écorcher vif.

— Je vous le livre, repartit Nérine.

Puis elle tomba dans une de ces longues et tristes rêveries où je l'avais surprise si souvent au début de notre connaissance et dont les scènes ironiques que je viens de raconter, l'avaient tirée momentanément.

Durant quelques jours, il ne fut question dans cette gorge des Pyrénées que de l'iliade burlesque, qui avait eu pour théâtre l'*Hôtel de France*.

Malheur aux vaincus! l'éternelle vérité du mot de Brennus écrasa les Serrebrillant et les Routier. Sitôt qu'ils paraissaient à l'établissement thermal ou à la promenade, on les montrait au doigt : c'étaient des chuchotements et des rires qui faisaient blêmir la petite marquise. La place ne fut plus tenable; ils durent quitter les Eaux comme ils avaient quitté l'hôtel. Ils partirent un matin en fugitifs, secrètement et sans bruit. L'employé seul du chemin de fer de Toulouse qui ne dormait pas, vit passer leur calèche en regardant le jour se lever. Les deux femmes et les deux maris occupaient l'intérieur; le pauvre écolier était assis sur le siége à côté du cocher; il jeta un coup d'œil désespéré sur l'hôtel où Nérine reposait; la petite marquise y lança un regard de malédiction qui signifiait un adieu éternel aux Pyrénées; elle sentait que le va-et-vient des voyageurs avait répandu dans toutes les villes d'eaux circonvoisines le ridicule épisode que je viens de raconter.

Le lendemain du départ de nos héros, je dus à mon tour quitter les Eaux-Bonnes et me rendre à Biarritz où j'étais attendue. Je me séparai à regret de Nérine, que sa blessure empêchait de partir. Replongée dans les idées navrantes qui avaient altéré sa santé, elle était attendrie et sérieuse en me disant adieu. Elle me demanda de ne point parler de la petite marquise.

— Que savons-nous, me dit-elle, si ce n'était pas un esprit tourmenté et aigri par le chagrin? L'écolier, qui sortait du séminaire, était bien novice pour la juger. Qu'entend-il au cœur des femmes? Peut-être cet Italien mourant a-t-il été le premier amour d'Aglaé. J'en conviens, cet amour n'avait aucun indice de profondeur et de sincérité. Songez pourtant à l'éducation et à l'entourage de la petite marquise! Comment voulez-vous quelle comprenne l'amour ainsi que nous le comprenons? Mais qui pourrait dire qu'elle ne l'a pas ressenti? que ce doute la sauvegarde contre votre ironie. Selon la belle expression de Molière : *On ne voit pas les cœurs*. Femmes, nous nous devons les unes les autres défense et mansuétude.

— Assez assez! m'écriai-je en riant, serez-vous donc incurablement magnanime et idéologue! Vous pensez que toutes les femmes sont sœurs, mais il faut convenir que beaucoup sont des sœurs ennemies! Ainsi cette petite marquise vous a détestée dès le premier jour.

— Et pourquoi? repartit Nérine. Je vous assure que quoiqu'il n'y eût aucune affinité entre nous, j'aurais été très-disposée à l'aménité pour elle si elle l'avait voulu.

— Pourquoi la petite marquise vous haïssait? Je vais vous le dire, répliquai-je.

« Parce qu'une beauté mièvre n'aimera jamais une beauté grecque;

« Parce que l'intelligence effraie la sottise, et la droiture la duplicité;

« Parce que la bonté qui éclate met en lumière la méchanceté qui se cache;

« Parce que la grandeur éclabousse la petitesse;

« Parce que le magnolia fait honte à l'ortie! »

Je pourrais ainsi continuer une longue litanie de maximes et de proverbes à la Sancho-Pença; mais je craindrais de vous fatiguer, ô mon généreux Don Quichotte! croyez-moi, ne défendez que ceux qui vous valent, vous comprennent et vous défendraient aussi à l'occasion; toute autre vaillance est une duperie et je trouve votre bonté envers la petite marquise pres que une offense pour moi qui vous aime.

—Oh! vous ne savez pas, me dit-elle en m'embrassant, à quel désir immense de tranquillité conduit la douleur! Puis elle ajouta :

— Adieu donc, et combattez, ma chère guerrière, puisque c'est votre humeur, moi je vais rester seule avec la nature qui m'apaise et m'assimile à son calme éternel.

Elle me suivit d'un regard ému tandis que je

montais dans le coupé de la diligence qui, entraînée par six petits chevaux basques, aux grelots retentissants, m'emporta loin de ce cercle magnifique de montagnes où je venais de passer quelques jours riants.

ÉPILOGUE

J'étais allée de Biarritz, en gracieuse et intelligente compagnie, faire une rapide excursion sur la frontière d'Espagne. Au retour de cette promenade, nous nous arrêtâmes pour dîner à Saint-Jean-de-Luz. Nous avions parcouru la veille cette ville aux grands souvenirs historiques ; visité l'église où Louis XIV se maria, et le port autrefois encombré de navires et aujourd'hui désert. Nous n'avions donc plus à voir Saint-Jean-de-Luz en détail. Mais la mer qui attire toujours, surtout à l'heure du soleil couchant, nous fit remonter sur le môle formidable à l'issue du dîner, et nous longeâmes la jetée pour gagner le petit village de la Socoa, bâti à l'entrée de la baie de Saint-Jean-de-Luz. La Socoa échelonne ses pauvres maisons de pêcheurs sur la croupe de rochers à la teinte bleuâtre ; au sommet s'élève un vieux fort qu'une tour domine. Dans le petit golfe tranquille qui s'abrite au pied des rocs, sont amarrées des barques de pêcheurs ; la mer écumeuse se brise à quelque distance et n'atteint pas ce calme bassin.

Nous nous étions assis au pied de la tour ; le village au-dessus de nous semblait endormi ; çà et là quelques lumières, qui brillaient à travers les vitres, et la fumée qui s'échappait des toits, annonçaient seules que les maisons étaient habitées ; c'était l'heure où les femmes préparaient le repas du soir, tandis que leurs pères, leurs maris ou leurs fils, revenus de la pêche, se reposaient auprès de l'âtre ou sur le seuil des portes. Ces rudes travailleurs ne songeaient guère à contempler la nature et la mer toute rougissante de l'éclat du soleil qui disparaissait.

Nous avions donc autour de nous une paix et une solitude qui semblaient agrandir encore l'incommensurable grandeur de l'Océan. A gauche, nous suivions du regard les derniers contours du rivage de la France jusqu'au cap Figuier, qui marque l'embouchure de la Bidassoa ; à droite, la rade de Saint-Jean-de-Luz ; plus loin, le village de Bidart et le petit port de Quetary avec ses toits rouges ; plus loin encore, la côte des Basques, couronnée de belles roches lumineuses, puis enfin la plage de Biarritz, où les flots se précipitent avec fracas contre les récifs épars : on dirait des assaillants furieux escaladant des citadelles imprenables.

En face de nous la mer montait en collines d'écume ; son bruit majestueux semblait la symphonie du soir conviant la terre au repos. Derrière les énormes vagues blanches se dressaient d'autres vagues étincelantes que le soleil, en fuyant, avait saupoudrées d'étincelles ; puis venaient les vagues rouges que l'astre, à son déclin, éclairait d'aplomb avant de disparaître derrière les monts de l'Espagne dans la direction de Saint-Sébastien.

Les teintes diverses de cette mer en flamme formaient une merveilleuse harmonie ; la beauté du ciel y concourait. Déjà dans l'azur du jour mourant brillaient quelques étoiles ; l'âme se dilatait entre cette double immensité du firmament et de la mer ; si bien que nous nous taisions tous par un tacite accord, laissant flotter notre pensée dans l'étendue sans bornes. Nous étions là quatre voyageurs : une jeune et belle princesse qui m'avait prise en amitié et emmenée dans sa voiture à travers les vallées et les gorges des Pyrénées françaises et espagnoles ; le fils de la princesse, superbe enfant de douze ans, pensif et recueilli, dont la brise de la mer soulevait la chevelure bouclée tandis que ses grands yeux noirs contemplaient immobiles le sublime spectacle qui nous saisissait; sa turbulence ordinaire avait fait place à la rêverie ; il sentait comme nous l'influence de cette splendeur du ciel et de l'Océan. C'était ensuite un parent de la princesse. Homme politique d'un âge mur; esprit judicieux, cœur franc, lettré, perspicace; goûtant peu la nature et la poésie, et qui cependant éprouvait aussi, en cet instant, une absorption involontaire. Quant à moi, j'avais l'âme perdue dans cette immensité; elle y flottait et s'y assimilait si bien qu'insensiblement j'oubliai mes trois compagnons de route dont la voix se taisait.

La princesse rompit la première le silence :

— Parlez-nous donc, me dit-elle, vous qui avez la faculté de rendre en poésie ces grandes scènes de la nature !

— Je me sens écrasée par celle-ci, répondis-je, essayer de la chanter ou d'en discourir serait la circonscrire; nos regards qui l'embrassent peuvent seuls la fixer dans notre souvenir, voilà pourquoi nous avons tous instinctivement regardé sans parler ce merveilleux horizon.

— Oui, reprit la princesse; mais la tristesse nous

gagne et presque la stupeur, tant il est vrai que notre esprit ne peut longtemps supporter ce qui le domine et l'anéantit. Dites-nous donc un paradoxe ou une folie, Grégory, ajouta-t-elle en se tournant vers son cousin, et si madame ne veut pas nous faire entendre quelques belles strophes ou quelques récits touchants, racontez-nous votre dernière aventure sentimentale.

A cette interpellation, le comte Grégory leva la tête : ses yeux noirs petillèrent et ses lèvres eurent un franc sourire de bonne humeur. C'était un homme à la stature carrée manquant de grâce sinon de distinction et dont le front intelligent était couronné d'épais cheveux déjà grisonnants. Tout en lui annonçait la force musculaire. Mais prêter à sa vie des épisodes romanesques me semblait une hyperbole.

— Vous savez bien, princesse, que, depuis deux ans, j'ai clos toutes mes aventures galantes, répondit-il gaiment; mais vous, madame, qui arrivez des Eaux, poursuivit-il, en s'adressant à moi, vous devez y avoir recueilli des anecdotes fort amusantes dont vous allez nous faire part; je tournerai, pour vous écouter, très-volontiers le dos à la mer qui, par son roulis monotone, commence à me donner le vertige.

En parlant de la sorte, il s'assit à la turque, la face du côté de la tour.

— Allons, ne vous faites pas prier, ajouta la princesse, et dites-nous ce que vous avez observé dans ce monde nomade qui a passé sous vos yeux!

— Quoi, repartis-je, vous aussi vous voulez que ce grand paysage serve de cadre au récit de petites passions? Eh bien! soit, et puissiez-vous ne pas être punis par l'ennui de cette profanation.

Je leur racontai alors l'histoire qu'on vient de lire. La princesse écoutait en souriant, et le comte Grégory témoignait une avide curiosité. Je le regardais, surprise de ses soubresauts et de ses exclamations! Quand j'eus fini, il dit avec un docte dédain :

— Cette petite Aglaé fera donc toujours parler d'elle!

— Vous l'avez connue? m'écriai-je avec étonnement; et aussitôt je l'assaillis de questions. Oh! parlez-moi d'elle, lui dis-je, fournissez-moi des retouches à faire à son portrait; censurez-moi si j'ai été injuste. L'avez-vous jugée ainsi qu'aimait à le supposer Nérine, primitivement bonne et sincère?

— Je l'ai jugée méchante et duplice.

— Mais vous l'avez aimée telle quelle, mon cousin, reprit la princesse.

— Aimée ! s'écria-t-il, et il nous exprima la profonde surprise que lui causait toujours ce mot amour. Je n'ai jamais éprouvé d'amour sérieux, ajouta-t-il, que pour une femme allégorique qu'on appelle la patrie.

— Il est un peu fou, me dit la princesse.

— Mais enfin, repris-je, vous avez été le cavalier servant de la petite marquise, racontez-nous ce que vous en savez.

Avec le suprême laisser-aller d'un Oriental qui parle des femmes, il nous fit un récit très-vif que je me garderai bien de reproduire ici.

—Et pourquoi donc ? dira le lecteur déçu qui entrevoyait un complément à cette histoire.

— Pour deux motifs : par conscience et par humilité. Femme, je tiens pour suspect ce qu'un *homme* me dit des *femmes*, et n'ayant pu contrôler par moi-même le récit du comte Grégory, je le supprime.

Voilà pour la conscience.

Quant à l'humilité, elle se produisit invincible en moi sous la forme d'une vision.

Le comte Grégory ayant cessé de parler, étira ses bras du côté de la mer que l'obscurité du soir enveloppait déjà de longs voiles zébrés de rayons.

A cette heure, la stature robuste du comte prit à mes yeux des proportions plus amples et plus hautes ; sur ses épaules à la carrure puissante s'élevait sa tête énergique, couronnée d'une épaisse chevelure que le vent soulevait comme une auréole; tout à coup cette figure placée dans l'ombre évoqua pour moi la figure bien connue d'un vaste génie.—Je crus voir planer dans la brume le fantôme du grand Balzac. Le Molière et le Shakspeare des romanciers me souriait de sa lèvre bienveillante; mais dans son œil profond, limpide et fascinateur comme l'Océan, je lisais le dédain superbe et serein que la force a pour la faiblesse ; il me semblait que sa voix, se réveillant de la mort, murmurait à mon oreille : « Que peux-
» tu et que peuvent de plus habiles que toi dans ce
» champ du réel que j'ai défriché à grands chocs
» de charrue, de pioche et de sape, creusant les
» terres molles et faisant sauter les rocs ardus!
» travailleur infatigable, fougueux et patient, sa-
» vant et inspiré tour à tour. Aussi que de mois-
» sons dorées et que de fleurs rares ont poussé dans
» ce champ défoncé par moi. Oh! pauvres chétifs
» essoufflés que vous êtes! vous errez dans des
» landes planes, et si parfois vous y découvrez un
» filon, d'où j'aurais tiré de l'or, vous n'en faites
» jaillir qu'une poussière sèche! »

Tandis que la voix retentissait dans mon esprit, je pensais : C'est lui seul le maître inimitable, qui aurait su écrire l'histoire qu'on vient dè lire, et lui seul qui aurait pu raconter celle qu'on ne lira pas.

DEUX MOIS

AUX PYRÉNÉES

DEUX MOIS AUX PYRÉNÉES

DAX. — PAU. — LES EAUX-BONNES.
LES CASCADES. — LES GROTTES. — LES EAUX-CHAUDES.
GABAS. — LARUNS.
BAYONNE. — BIARRITZ. — SAIN-JEAN-DE-LUX.
FONTARABIE.

Je partis dans les premiers jours du mois d'août (1858), et la vapeur me conduisit d'un trait de Paris à Bordeaux. A peine si dans cette course rapide mes yeux purent saluer en passant les tours de la cathédrale d'Orléans, le château de Blois, celui d'Amboise et la riche campagne de Touraine que baigne la Loire paresseuse dont le lit presque à sec étalait au soleil ses cailloux scintillants. C'était comme une antithèse de ce qu'est parfois ce fleuve aux formidables inondations. Je ne donnai qu'un regard rapide et charmé aux pittoresques remparts de Poitiers et aux terres si fertiles et si soigneusement cultivées qui entourent Angoulême; la nuit vint lumineuse comme un crépuscule. La lune et les milliers d'étoiles répandirent leur blanche clarté. J'entrevis la large Garonne qui porte des vaisseaux; nous étions arrivés à Bordeaux, la belle cité aux lignes d'architecture grandioses. Je ne voulais visiter cette ville qu'au retour; j'avais hâte d'arriver aux Pyrénées et d'y trouver un air pur pour ma poitrine embrasée.

Après une nuit de repos, je pris la route de Dax. Je rencontrai, à l'embarcadère du chemin fer qui conduit de Bordeaux à Dax, plusieurs littérateurs et plusieurs artistes des théâtres de Paris, qui, comme moi, allaient demander la santé aux diverses eaux des Pyrénées. On échangea quelques paroles d'espérance en se saluant; puis, chacun se précipita pour prendre sa place dans les wagons.

De Bordeaux à Dax, ce sont presque toujours des landes, quelques-unes tout à fait nues, d'autres couvertes de bruyères roses d'un charmant effet. Çà et là, la route est bordée par de petits bois de pins d'où le vent soulève des bouffées de chaleur aromatisée. La cigale chante, les mouches bourdonnent, les abeilles frôlent les herbes et les fleurs; c'est bien la campagne du Midi, sans cesse murmurante de quelque bruit vivant. Le ciel est de ce bel azur de lapis-lazuli qui double les profondeurs de l'éther.

A mesure qu'on approche de Dax, le sol devient sinueux : quelques tertres et quelques collines s'élèvent ; des cultures diverses y étalent leurs manteaux verts. L'Adour circule dans ces terres riantes ; nous voilà dans la petite ville de Dax, entourée de remparts. Je monte dans le coupé de la malle-poste, qui va de Dax à Pau, où ma place a été retenue à l'avance. Nous traversons les étroites rues de Dax à toute vitesse. Rien de fringant et de courageux comme les six petits chevaux basques qui nous entraînent en agitant leurs grelots. Après une longue route en chemin de fer, on est heureux de voyager ainsi à l'espagnole et en voyant devant soi se dérouler la campagne, qu'on n'aperçoit jamais qu'en profil à travers les vitres d'un wagon.

L'intérieur de Dax est d'une tristesse accablante : les rues étroites, sales et aux maisons lézardées ; les commères de chaque quartier, toujours sur leur porte, causant bruyamment, mettant leur linge à sécher ou le raccommodant, ou gourmandant les enfants qui jouent et crient ; les devantures de petites boutiques étalant des loques mouillées, des fruits gâtés ou des viandes puantes ; enfin une petite ville du Midi que le commerce n'enrichit et n'anime pas.

Qu'on s'imagine une jeune fille de quinze ans, belle, élégante, ayant, par ses lectures, plus que par sentiment, des aspirations vaguement poétiques ; les habitudes de la vie parisienne ; une grand'mère princesse qui avait dû sa fortune à sa beauté, avait possédé un palais à Paris et en habitait un à Bruxelles ; cette jeune fille, sachant la destinée éblouissante de cette aïeule qui finissait désormais dans les honneurs une vie d'aventures sans nombre ; cette jeune fille s'entendant dire qu'elle ressemblait à cette grand'mère dont elle avait les yeux noirs et profonds et l'ardeur de son sang espagnol ; qu'on se figure cette pauvre et belle enfant, condamnée à vivre dans cette morne petite ville dont je viens de parler. Son père sans fortune y occupe un emploi. Il faut recevoir les bourgeoises de la ville et écouter leurs sottises.

Pour se distraire elle écrit à ses amies de Paris ; elle me confie le marasme qui la gagne, elle rêve et pleure sur les bords de l'Adour, et s'essaie à faire des vers sur les histoires d'amour que la tradition a perpétuées dans le pays ; elle chante *Couramé* qu'un jour le fleuve au nom sonore a entraîné dans son cours. Comme l'amant désespéré de la légende, elle voudrait se précipiter dans ces eaux tantôt calmes et tantôt fougueuses où elle se mire. Mais en se contemplant elle est frappée de sa beauté ! Avec cette carnation et cette puissance du regard, le suicide est un anachronisme. Elle m'écrit un jour, non plus des plaintes vagues et rimées, mais sa décision très-nette et inébranlable de venir à Paris ; elle s'abritera comme sous-maîtresse dans une pension, et de là, tentera l'imprévu. Quel horizon merveilleux ! Le monde des splendeurs l'attend et va s'ouvrir pour elle ! Je m'efforce en vain de lui faire comprendre que le règne ordonné de Louis-Philippe ne ressemble pas au temps du Directoire, de lui répéter qu'une femme doit savoir attendre et ne rien provoquer !... Attendre quoi ? me répondait-elle, attendre de voir passer quelque gendarme sur la grande route de Dax ?...

J'avoue qu'en traversant cette ville si triste je comprenais presque l'espèce de fièvre délirante qui précipita vers sa destinée cette âme agitée. Pauvre Félicie ! comme sa vie fut haletante et courte dans ce Paris sans entrailles qui hume et broie pour ses plaisirs et pour sa gloire tant d'intelligences et tant de corps humains ! A quoi bon la suivre et la montrer tantôt éblouie et tantôt désespérée durant cette course dévorante, dont le terme fut un grabat à

Londres, non loin du palais d'un de ces lords qu'elle avait rêvé pour mari! Comme Marguerite dans la nuit du Valpurgis, il me semblait la voir apparaître un petit enfant mort dans ses bras!

Tandis que je songeais ainsi d'elle, la malle-poste roulait au galop rapide de ses six chevaux retentissants.

Nous avions dépassé Dax et son petit château-fort, nous franchissions une belle route bordée de platanes centenaires et où de jeunes mendiants nous demandaient l'aumône en nous tendant leur béret troué. Sur un tertre, les murs et la croix du cimetière s'élevaient au-dessus des habitations. Ainsi la mort domine la vie. Tout à coup un craquement aigu se fit entendre. Les chevaux s'arrêtèrent court, refrénés par la main robuste du postillon; un ressort de la voiture s'était brisé! Nous nous trouvions juste en face du cimetière.

— C'est d'un mauvais augure! s'écria un voyageur.

Mais la campagne était riante, le soleil poudroyait, les petits mendiants gambadaient sur la route et recommençaient à tendre la main; le conducteur jura énergiquement et nous engagea à prendre patience, tandis qu'il allait chercher une autre voiture.

Une vieille femme édentée, au chef branlant couvert de cheveux gris, filait sa quenouille sur la porte d'une pauvre chaumière. Elle se leva, secoua ses haillons, et s'approchant de nous, comme craintive de son indigence, nous offrit de nous reposer et de nous rafraîchir dans sa maison. Nous entrâmes; il y avait là trois chaises, une panetière et un misérable lit; c'est le lit où l'on naît, où l'on grandit, où l'on se marie, où l'on meurt. La vieille rinça quelques verres ébréchés et nous présenta de l'eau fraîche et du lait fumant qu'elle venait de traire à une vache paissant dans un pré à côté. Elle prit ensuite dans une sorte de bahut rustique une serviette écrue, et, avec un air de soumission douce et servile, elle secoua la couche de poussière qui couvrait nos vêtements; cependant on déchargea la voiture brisée, on joncha le chemin des malles et des immenses caisses où les femmes renferment leurs fragiles chapeaux et leurs robes sphériques. Aux rudes secousses que recevaient ces fraîches toilettes, plusieurs s'épouvantaient.

Je m'éloignai du groupe des voyageurs et j'allai visiter le cimetière. C'est un spacieux carré long divisé par une allée de hauts et robustes cyprès qu'engraissent les restes des morts. Il y a là plusieurs tombes avec des inscriptions simples et vraiment senties. Que n'y ai-je trouvé celle de Félicie! Que

ne s'est-elle endormie sous un de ces vieux cyprès !
Elle y eût été mieux que dans la fosse perdue et
oubliée d'une grande ville. Je lui donnai un souvenir ému, et j'errai quelque temps au milieu des
ossements qui çà et là jonchent le sol.

Je m'étais débarrassée de la *gardienne* du cimetière qui voulait m'*expliquer* les tombeaux ; je la retrouvai dans le petit domaine qu'elle s'est adjugé
dans l'enceinte même ; elle étend son linge sur les
cyprès funéraires et élève des bandes de canards
qui vont butinant autour des fosses. Cette grosse
femme vit là presque joyeuse.

J'entendis la voix du conducteur qui faisait l'appel des voyageurs. La nouvelle voiture était rechargée ; chacun reprit sa place ; le conducteur fouetta
bruyamment ses chevaux qui s'élancèrent avec une
vélocité aérienne, comme l'hippogriffe de Roland.

La route se bordait de peupliers et des champs de
maïs couvraient la campagne. Quelques paysannes
coiffées de fichus à carreaux rouges et jaunes noués
de côté, marchaient pieds nus sur le grand chemin
en poussant des ânes lourdement chargés ; les hommes
avec le béret basque bleu foncé ou marron conduisaient de petites charrettes couvertes d'un dôme en
toile écrue et traînées par deux bœufs au frein desquels s'agitaient des branches de feuillage qui chas-

saient les mouches obstinées. Tout ce pauvre monde revenait de la foire d'Orthez où il s'était pourvu de quelques étoffes, ou de quelques ustensiles de ménage.

Orthez a un aspect très-pittoresque ; avant d'arriver, on voit une belle tour en ruine qui s'élève sur un tertre verdoyant. Nous traversâmes au galop des rues montueuses, puis une place encombrée de troupeaux de moutons et de porcs. C'est là qu'était la foire du bétail. Les cuisines de toutes les auberges flamboyaient ; on sentait une friande odeur de rôti qui faisait désirer une halte aux voyageurs affamés. Mais le conducteur fut inexorable ; la malle-poste était en retard, il fallait marcher sans prendre haleine.

Le crépuscule se répandit sur la campagne et la fit paraître plus vaste et plus tranquille ; nos six petits chevaux basques redoublèrent de feu et d'agilité à la fraîcheur de la nuit ; le tintement des grelots précipitait leur frénésie. On eût dit qu'ils disputaient l'espace à la rapidité d'une locomotive. Le paysage devenait magnifique ; c'étaient des côteaux boisés, de longues avenues, des parcs, des villas, des châteaux, parmi lesquels on nous désigna celui du baron Bernadotte, parent du roi de Suède. Nous franchîmes ensuite un carrefour célèbre planté de quelques vieux arbres qui entourent une croix. Ce lieu s'appelle *la Croix-du-prince* en souvenir de Louis XIII, qui, étant venu visiter la ville où était né son père, s'agenouilla là, au pied d'une croix de pierre.

Nous arrivâmes enfin au village de Jurançon servant de faubourg à Pau, et dont le vin est renommé. Les vignes s'étagent sur des côteaux jusque sur les bords du Gave, qui va se jeter dans l'Adour. L'Adour qui lui-même se jette dans la mer entre Bayonne et Biarritz, déroulait devant nous ses eaux limpides ; au-dessus, se groupait sur deux collines la jolie ville de Pau, riante capitale de l'ancien Béarn. Le château d'Henri IV la domine, et à cette heure de crépuscule, on croirait voir debout sur les remparts l'ombre du grand roi. Nous passons le Gave sur un beau pont monumental.

Les chevaux redoublent d'ardeur, le postillon de claquements de fouet ; enfin, la malle-poste s'arrête sur la place Grammont où les maisons en arcades rappellent en diminutif celles de la rue de Rivoli. La nuit est venue ; il faut remettre au lendemain la visite du château. Le sommeil n'est pas long dans ces auberges du Midi, où le cri des animaux, le bruit des portes qu'on ouvre et qu'on ferme et l'accent aigu des domestiques éclatent sans ménagement.

Heureusement que la journée du lendemain s'annonça radieuse et me permit de fuir ce vacarme tracassier et d'aller prendre un bain d'air matinal dans la sérénité de la campagne.

Je laissai à ma gauche le petit château d'Henri IV, palais des anciens comtes de Béarn, si merveilleusement conservé. Il est juché sur une plate-forme entourée de terrasses et de quinconces qu'abritent de vieux platanes. Je traverse un pont jeté sur les fossés du château, et me voilà dans le parc, qui étend le long du Gave ses allées montueuses d'ormes et de hêtres gigantesques. Les troncs de ces beaux arbres ont une immense circonférence qui me rappelle ceux du bois de la *Sainte-Beaume*. C'est la végétation puissante du Midi. Dans le Nord, les arbres étiolés poussent toujours en hauteur comme pour chercher le soleil.

Quand je suis parvenue à l'allée supérieure du parc, un des plus beaux panoramas du monde se déroule devant moi; l'immense chaîne des Pyrénées (que domine comme un géant le pic du Midi), borne l'horizon et se gradue jusqu'au Gave en collines et en vallées fertiles. Au loin, à ma gauche, voici les montagnes de Bagnères-de-Bigorre et de Lourdes; plus près, le pic du Midi de Bigorre; puis, dans un pli de ces monts accidentés, la ville d'Argelès.

Viennent ensuite successivement les montagnes de

Barèges, de Luz, de Saint-Sauveur et de Cauterets ; la chaîne se continue : voici les hauts rochers qui entourent la vallée d'Azun et ceux qui circonscrivent la vallé de Lonzon. Ce sont ensuite successivement les pics de Gabisos, celui de Ger et le pic du Midi de Pau en forme de pyramide. A leur pied et dans leurs anfractuosités s'étendent les vallées de Gabas et d'Ossau, puis viennent les monts Escarpu, et enfin jusqu'aux dernières limites de l'horizon, à ma droite, les montagnes de la vallée d'Aspe, de la vallée de Mouléon et les montagnes de l'Aragon.

Qu'on se figure sur le versant de cette chaîne immense les Gaves bondissants, les bois, les villages et les vertes cultures se groupant pittoresquement aux flancs des roches ; çà et là quelque vieux château et quelque belle usine moderne, et, comme couronnement de ce tableau, les pics les plus élevés des Pyrénées se dressant gris et bleuâtres au-dessus des montagnes vertes, et confondant, avec quelque blanc nuage, leur sommet couvert de neige ! Le ciel enfin, d'un azur vif et limpide, servant de fond à ce merveilleux ensemble, et le soleil y produisant des effets de lumière d'une beauté qu'aucun peintre ne saurait rendre !

Je restai là longtemps émerveillée en face de ce spectacle, le Gave décrivait à mes pieds ses sinuosités gracieuses; ses eaux courantes semblaient jaser avec les cailloux et les fleurs du rivage. La nature doit avoir des voix qui se comprennent et se répondent. Un vieux pêcheur matinal, assis sur la rive, jetait ses hameçons dans l'eau et en retirait de petites truites qui sont exquises. Les poissons sortis violemment hors de leur élément se débattaient un instant ébahis, puis allaient s'entasser dans le panier d'osier posé à côté du placide vieillard.

Sur le pont qui relie Pau à Jurançon, un petit berger poussait son troupeau qu'il menait paître vers les montagnes. Les paysannes, pieds nus, venaient à la ville, des hameaux voisins, portant sur leur tête d'immenses paniers ronds en osier remplis de fruits et de légumes. Je renonçai à regret aux attrayants détails de cette scène champêtre, et redescendant les allées du parc, je remontai sur la terrasse du château, d'où la même vue que je viens de décrire s'étend sous les yeux charmés. Je fis le tour de ce donjon en miniature qui s'élève sur une plate-forme et qui est flanqué de quatre tourelles à toit pointu. Ainsi qu'une inscription l'atteste, ce château fut construit au quatorzième siècle par Gaston-Phébus, comte de Béarn, et il servit jusqu'au règne d'Henri IV, d'habitation à la cour béarnaise. C'est dans ces murs que Marguerite de Valois, sœur de François Ier et reine de Navarre, composa plusieurs de ses contes et de ses poésies. Clément Marot, attaché au service de cette princesse, écrivit là, aussi, quelques-uns de ses vers les plus passionnés.

Je pénétrai dans l'intérieur du château par une porte en ogive, et je me trouvai dans une vaste cour intérieure qui sépare les quatre ailes de l'édifice ; Chaque salle et chaque galerie mérite une visite attentive ; les sculptures, les boiseries, les tapisseries, les vieux meubles se marient à l'architecture de ce monument avec une harmonie parfaite. La chapelle a de fort beaux vitraux qui ne laissent pénétrer qu'un jour voilé et recueilli. On entre avec un tressaillement ému dans la chambre où naquit Henri IV ; on dirait que c'était hier que le royal et robuste enfant poussa là ses premiers vagissements et ses premiers cris.

Voici le lit où Jeanne d'Albret, fille de Marguerite de Valois (sœur de François Ier), sa mère, le mit au monde ; ce lit est encore couvert de la courtine de soie qui abrita l'accouchée. A côté, voici l'écaille de tortue où l'on déposa le nouveau-né après avoir frotté ses lèvres d'une gousse d'ail et lui avoir fait avaler un peu de vin de Jurançon. Dans la même chambre, comme une antithèse de cette naissance joyeuse, on a placé le lit mortuaire du Louvre, le lit où l'on déposa le cadavre sanglant du héros que Ravaillac frappa au cœur.

Abd-el-Kader, prisonnier de la France, a demeuré quelque temps dans ce palais d'Henri IV avant d'habiter le château d'Amboise.

On montre aussi à Pau la maison où Bernadotte vint au monde, ou plutôt deux maisons d'une même rue qui se disputent l'honneur d'avoir vu naître ce *soldat heureux* qui a fondé une dynastie en Suède.

A travers Pau, bâti sur une hauteur, on trouve çà et là de larges anfractuosités sur les versants desquelles s'étalent des arbres et des jardins. De petits ponts sont jetés d'une rive à l'autre sur ces *courants de verdure*. C'est d'un effet inouï ; quel contraste avec les villes planes de la Hollande ! Mais c'est surtout la campagne de Pau qu'il faut voir. Beaucoup d'Anglais résident à Pau ou dans les environs pendant l'hiver. Une riche insulaire, miss Fitz-Gérald, possède tout près de la ville le château de San-Miniato, dont les serres et les jardins nous ont rappelé ceux des belles villas de l'île de Whight, et où se trouve une galerie de tableaux révélant un goût rare d'artiste et de connaisseur.

Il est un autre pèlerinage pittoresque qu'il faut faire : Après avoir traversé le parc que j'ai décrit, à droite se trouve le petit village de Billères, où

Henri IV fut mis en nourrice. La famille Lassansaa, qui descend de la nourrice du roi, habite là une maison bâtie sur l'emplacement de la maison primitive où poussa l'enfant royal. Cette riante maison s'élève au fond d'un jardin, au pied d'un petit coteau tout couvert de vignes.

On entre dans une chambre où se trouve le lit en bois sculpté qui fut donné par Jeanne d'Albret à la nourrice de son fils. A côté est le bâton dont, suivant la tradition, se servit le frère de lait d'Henri IV lorsqu'il alla lui faire visite à Paris, conduisant un âne qu'il avait chargé de provisions du pays pour les offrir en présent au bon roi. Cette légende est une des plus populaires et des plus aimées du peuple béarnais.

A gauche de la rive du Gave, s'élève sur une hauteur, le coquet château de Bizanos. De sa terrasse, la vue est des plus belles et des plus étendues ; on découvre successivement sur l'autre rive Pau s'étageant sur ses deux collines couronnées par le château de Henri IV, puis les grandes lignes de verdure du parc, et des deux côtés, jusqu'aux termes de l'horizon, des terres fertiles cultivées avec soin. Dans la même direction que Bizanos, mais plus loin de Pau et plus près de la chaîne des Pyrénées, est le château moderne de la Coarraze ; de l'ancien château du même nom où se passa l'enfance d'Henri IV, il ne reste plus qu'un portail et une tour.

Toujours sur les bords du Gave, de l'autre côté de Pau, est le couvent et l'église de Bétharram, bâtis au pied d'une haute montagne boisée. Le Gave coule en face du monument, les cimes des arbres frissonnent sur son toit. Tout près sont des gorges profondes où se trouve la grotte la plus vaste et la plus curieuse des Pyrénées.

En face de Pau, dans un pli du paysage verdoyant, s'élève le blanc château de Gélos où Napoléon passa une nuit en 1808. Il décida qu'on ferait là un haras qui subsiste encore et d'où sortent tous ces élégants petits chevaux basques dont nous aurons occasion de reparler.

Mais il faut quitter Pau et s'arracher à l'attrait de ses merveilleux alentours. Au lieu de prendre la diligence, pour mieux me pénétrer de la douceur de la campagne, je monte un matin, vers midi, dans une de ces petites calèches champêtres tendues à l'intérieur de toile perse et que traînent deux chevaux rapides; le cocher en veste courte, la tête couverte du béret basque, est un guide intelligent qui explore ces montagnes depuis son enfance et me promet une halte à chaque curiosité. Nous traversons le pont de pierre jeté sur le Gave; nous repassons par le faubourg de

Jurançon, et au sud de Pau, par delà les coteaux verts où les torrents bondissent, je distingue un pic au sommet neigeux. C'est le pic du Ger, il domine la gorge des Eaux-Bonnes et semble, comme la colonne des Hébreux, nous indiquer la route.

On franchit sans ennui et sans fatigue les onze lieues qui séparent Pau des Eaux-Bonnes. Comme ce clair ruisseau nommé le Néez qui borde la route et bondit en écume sur les rochers, on voudrait glisser et s'insinuer dans tous les replis de ces monts ombreux.

A peine s'est-on engagé dans le défilé des montagnes, qu'on est très-surpris de trouver à gauche, sur la rive du Néez, une inscription désignant *une mosaïque romaine*. Qui s'attendrait à rencontrer dans cette solitude un de ces merveilleux parquets où les couleurs des marbres et les contours du dessin se mariaient avec tant d'harmonie! En quels lieux les Romains n'ont-ils pas pénétré? Où n'ont-ils pas laissé des traces de leur puissance ou de leur splendeur?

A mesure qu'on avance les montagnes deviennent plus élevées, et encaissent des vallées plus étendues et plus profondes. On traverse, en la prenant pour un village, la petite ville de Gan, qui fut pourtant une ville forte de l'ancien Béarn. Ses remparts et son prestige sont tombés. C'est près de Gan qu'est la grande marbrerie qui exploite une grande partie des carrières des Pyrénées. Je me demandais si les Romains avaient fait la mosaïque dont j'ai parlé avec ces marbres dont les habitants du pays composent eux-mêmes aujourd'hui des guéridons en mosaïque et d'autres objets d'ornementation et de toilette.

Le cours accidenté du Néez continue à m'accompagner sur le côté gauche de la route et jusqu'à Rébénac. Ses eaux, aussi limpides que le ciel bleu qui s'y reflète, circulent en mille caprices charmants. Tantôt, elles coulent voilées par les branches touffues de vieux arbres; tantôt, elles s'étalent en nappes lumineuses sur les roches étagées.

Au village de Rébénac, le Néez jaillit en cascade. On le traverse sur un pont; à droite est le château de Bitaubé. On voudrait fixer ce coin de paysage par la photographie. A dater du pont de Rébénac, le Néez quitte le côté gauche de la route qu'il a suivie jusque-là; on remonte son cours à droite, bientôt on touche à sa source; elle est claire, étroite et profonde, et s'élance de terre du milieu d'un bouquet d'arbres.

De belles prairies d'un vert d'émeraude couvrent tout à coup les montagnes. Voici le village de Sévignac dont la vue s'étend sur toute la vallée d'Ossau. Cette vallée est une des plus vastes et des plus curieuses des Pyrénées; elle est dominée par une chaîne de monts et de pics dont les zônes successives ont un aspect vraiment saisissant : viennent d'abord sur les pentes douces les prairies et les cultures; puis les bois s'élèvent, puis le roc nu, puis les sommets couverts de neige. Au fond du tableau et par-dessus toute la chaîne, comme un géant blanchi par le temps, se dresse le pic du Midi d'Ossau.

Je fais une halte pour contempler longtemps cette majestueuse vallée. Je remonte en voiture et je traverse le village d'Arudy; sur le flanc d'une colline s'élève une belle tour gothique, reste de quelque château détruit; plus loin, on rencontre un énorme bloc de granit grossièrement façonné et qui fut un monument druidique : tous les peuples semblent avoir laissé là leurs vestiges; impuissants débris de ces peuples mêmes qui ne sont plus que poussière !

La voiture redescend rapidement le coteau où se groupe Sévignac, et j'aperçois le Gave du pic du Midi qui arrose et féconde la vallée d'Ossau.

Au village de Louvie, nouvelle halte; pendant que les chevaux mangent l'avoine, je passe le pont jeté sur le Gave et je vais visiter l'église gothique qui s'harmonie si bien avec cette nature grandiose.

Je reprends la route des *Eaux-Bonnes* en côtoyant le Gave à gauche, et bientôt dans une solitude profonde j'aperçois, sur la rive opposée du torrent, deux mamelons de verdure d'un très-grand effet : sur le plateau du premier, s'élèvent une petite église et les murs d'un cimetière; on distingue les croix des tombes. Les pierres, d'un ton gris, se détachent entre le bleu profond du ciel et le vert très-vif des montagnes. Du haut du second mamelon s'élance une tour carrée. Le hameau de Castex est niché entre les deux collines; tout près sont les débris de la forteresse de Castel-Gélos qui, au XIIe siècle, protégeait la vallée et était la résidence des petits souverains de ce petit État. Plus loin, à droite, est un joli village dont les maisons se dressent en amphithéâtre sur le versant d'une montagne toute couverte de terres à blé et de prairies; ce qui charme et étonne dans les paysages des Pyrénées, c'est ce mélange d'un sol cultivé et d'une nature primitive.

Le bourg de *Bielle* que nous traversons bientôt, est le plus considérable de la vallée. C'est là que sont conservées les archives du pays. L'église gothique de Bielle est fort remarquable. Ses trois nefs sont soutenues par des colonnes en marbre d'Italie, débris d'un antique monument romain. Plusieurs mosaïques très-belles ont été découvertes près de Bielle. Après avoir dépassé Bielle, j'aperçois au flanc des plus hauts rochers de larges plaques blanches qu'on dirait des couches de neige : ce sont des carrières de marbre blanc. La route fait un coude : la voiture franchit le bourg de Laruns, où je reviendrai bientôt voir les danses nationales du pays. Là se termine la vallée d'Ossau; les gorges qui s'en détachent ne font plus partie de cette célèbre vallée.

Au delà de Laruns nous passons sur un pont de marbre sous lequel bondit un torrent fougueux ; c'est encore le Gave du pic du Midi que je retrouve là plus profond et plus rapide, encaissé entre deux remparts de montagnes. La route escarpée taillée dans le roc, qui côtoie le torrent, conduit à la vallée des *Eaux-Chaudes*. Nous laissons à droite ce sombre passage, et la voiture monte la pente d'une gorge plus large et plus riante, qui se dessine au sud-est comme une immense avenue entre deux montagnes de verdure. Le *Valentin* court bruyamment au pied d'une de ces montagnes, et va se précipiter dans le gave des *Eaux-Chaudes*, pour former ensemble le large torrent de la vallée d'Ossau. A gauche, au-dessus du *Valentin*, au flanc de la montagne est suspendu le petit village d'Aas. La route monte toujours; me voilà dans le vallon étroit et long des *Eaux-Bonnes* dont l'ouverture est formée par la route qui y conduit. On croirait entrer dans un corridor aux murs gigantesques.

Le mont *Gourzy* se dresse au couchant presque perpendiculaire, portant jusqu'au ciel les ombrages de ses vieux arbres. A l'Orient, du côté opposé (du côté du Valentin et du village d'Aas), ce n'est qu'une colline dont les plans gradués sont couverts de mamelons, de granges et de bouquets de verdure. Plus loin, toujours du même côté, la *Montagne verte* continue cette partie de l'encadrement du vallon des *Eaux-Bonnes*. Au midi, la montagne et ses ramifications granitiques ferment la gorge ombreuse au-dessus de laquelle monte jusqu'aux nuages le *Pic du Ger* couronné de neige. C'est de ce côté que jaillit l'eau thermale.

Bientôt dans cet étroit vallon, si sauvage et si abrité, se déroule devant moi à gauche de la route une ligne de hautes et belles maisons qui se continue jusqu'à la source thermale. Une promenade appelée le *Jardin des Anglais*, plantée d'arbres rares, parmi lesquels les sorbiers étalent leurs fruits de corail, décrit un immense ovale qu'entourent du côté opposé d'autres maisons blanches et neuves.

Là, la scène s'anime et offre un mélange plein d'étrangeté, de la civilisation et de la nature : des servantes d'auberge, coiffées avec grâce d'un fichu blanc, vert, bleu de ciel ou rose, noué du côté gauche vers l'oreille, entourent ma voiture et m'offrent des logements. Les guides des montagnes, dans leur pittoresque costume, béret et veste rouges, culotte collante en gros drap brun, guêtres de laine blanche, tiennent par le mors de petits chevaux sur lesquels s'élancent de jeunes femmes et de jeunes filles en élégantes amazones et coiffées de chapeaux à la *Diana-Vernon*. Des paysannes en capulet et en costume basque, que nous décrirons plus tard, asseyent sur des montures plus pacifiques les petits garçons et les petites filles vêtus à la Parisienne. Les ânes se font doux et caressants à la voix de ces beaux enfants. Des calèches découvertes où sont assises des femmes parées croisent ma voiture et prennent la route des Eaux-Chaudes. On dirait d'une promenade au bois de Boulogne. D'autres femmes circulent dans le *Jardin des Anglais* avec des toilettes aussi fraîches et aussi irréprochables que celles qu'on voit à Paris au boulevard de Gand. Des colporteurs espagnols, à l'allure et au costume de Figaro, étalent sur les bancs et les perrons des maisons des poignards andaloux, des écharpes et des ceintures de Barcelone que je les soupçonne d'avoir passés en contrebande. De la porte des hôtels on voit sortir de pauvres malades en chaises à porteurs d'osier recouvertes de toile perse. C'est ainsi qu'ils vont à la promenade ou boire l'eau salutaire. Si l'on monte jusqu'à l'établissement de l'eau thermale, après la place formée par le *Jardin des Anglais*, s'ouvre une large rue bordée de chaque côté d'élégantes boutiques. Là les modes de Paris s'étalent à l'envi : robes, chapeaux et bijoux s'offrent à la femme qui aurait négligé d'apporter des toilettes.

A côté de ces objets connus, en voici de plus tentateurs, car ils sont nouveaux pour la Parisienne et la sollicitent par cet attrait qu'a toujours ce qui est inusité. Ce sont les draps et les tissus des Pyrénées françaises et espagnoles, des costumes basques complets, des bijoux arabes, d'autres en marbre des Pyrénées, des albums contenant les *vues* et les costumes du pays ; toutes sortes de fantaisies indigènes et étrangères réunies dans d'élégants bazars.

Je ne jette qu'un coup d'œil rapide sur l'ensemble que je viens de décrire. La voiture redescend la rue des Eaux-Thermales et me conduit à l'*Hôtel de France*, le plus ancien des Eaux-Bonnes. Il est tenu par Taverne, un vieillard doux et riant, qui vous racontera les traditions et la chronique des Eaux. Que de célébrités n'a-t-il pas vues et à combien n'a-t-il pas parlé ! Il a reçu mademoiselle Contat, madame de Genlis, mademoiselle Mars et plusieurs généraux et maréchaux du premier Empire, qui, après les désastres de 1814, vinrent demander l'apaisement des douleurs du corps et de l'âme à ces régions sereines.

Depuis quelques années le monde de l'aristocratie des lettres et des arts se presse durant trois mois aux Eaux-Bonnes. Il y apporte et y trouve toutes les recherches du luxe et de la civilisation. Le temps n'est plus où Marguerite de Valois, après la captivité en Espagne de son frère François Ier, venait, accablée des fatigues et de la tristesse de son voyage à Madrid, demander la santé à cette eau bienfaisante. La princesse arrivait dans ce lieu sauvage à dos de mulet, et trempait au jet des *Aiguos-Bonnos* [1] qui sortaient fumantes du rocher, ses lèvres d'où découlèrent de si beaux vers :

> Triste j'étois quand vous aviez tristesse ;
> Si mal aviez on me voyoit morir,

écrivait-elle au roi son frère ; après la mort de ce frère adoré, elle s'écriait énergiquement :

> L'âpre morceau de mort veulx avaler !
> L'âpre morceau de mort veulx savourer !

Montaigne et de Thou allèrent aussi de Bordeaux à petites journées, portés par de douces montures, boire à cette source dont ils ont parlé.

Pour le poëte, la Naïade ainsi solitaire et livrant

---

[1]. Eaux-Bonnes en Béarnais.

ses trésors à quelques hardis visiteurs est préférable à la Naïade banale d'aujourd'hui.

Maintenant c'est en chaise de poste et en équipage qu'on arrive dans le défilé des Eaux-Bonnes, jusqu'à la porte de l'*Hôtel de France* et des autres hôtels. Cette année-là, la société avait été des plus nombreuses et des plus brillantes. Le maréchal Bosquet arriva un des premiers, puis vinrent successivement madame Amédée Thayer, femme du sénateur, M. Plantier, évêque de Nismes, M. Liouville, bâtonnier de l'ordre des avocats, sa gracieuse fille et ce jeune Emilio Dandolo dont la mort, au retour des eaux, fut pour Milan le signal de l'indépendance aujourd'hui reconquise.

La princesse Constantin Ghyka, la princesse Cantacuzène, une jeune et poétique Russe dont la beauté pâle et amaigrie attendrissait tous les regards; la charmante princesse Vogoridès, femme du caïmacan des Provinces danubiennes et belle-sœur de madame Musurus, ambassadrice à Londres, dont j'ai parlé dans la *Presse*. La princesse Vogoridès possède et aime notre littérature. C'est un esprit délicat et très-cultivé dont la profondeur étonne tout-à-coup dans les questions de sentiment. Quant à la svelte princesse Constantin Ghyka, elle ressemblait à une jeune fille de quatorze ans. A sa taille frêle, à son visage mignon, qui l'eût crue la mère de deux enfants dont l'aînée (une petite fille de quatre ans) portait avec une grâce extrême un joli costume basque!

Des chanteurs de l'Opéra et des acteurs de nos différents théâtres viennent chaque été demander aux *Eaux-Bonnes* le repos de leur larynx irrité et la résurrection des notes perdues. Parmi les célébrités théâtrales qu'on remarquait cette année-là, mademoiselle Sarah Félix attirait toutes les sympathies; le souvenir de son illustre sœur planait sur elle : il fallait la voir entourée des reliques de cette sœur bien-aimée. Rachel semblait revivre dans ces élégants vestiges. Cette tête pâlie et inspirée ne va-t-elle pas se ranimer sous ce capuchon de velours cerise garni de point d'Angleterre et de dentelles noires où elle aimait à s'abriter.

Voici le peigne d'ivoire dont elle lissait ses beaux cheveux! le petit couteau d'argent à manche d'écaille qui lui servit à peler les fruits d'Égypte et de Provence. Son nécessaire de toilette est encore embaumé des senteurs qu'elle préférait. Sur les parois de velours vert sont restés quelques débris de ses ongles roses et parfumés! ce petit portrait en photographie nous la montre dans ses derniers jours : elle est là affaissée au soleil, ses belles mains croisées sur ses genoux dans l'accablement de l'attente de la mort. Cet autre nécessaire d'or renferme le dé, les aiguilles et les ciseaux dont elle se plaisait à se servir ; elle faisait pour ses amis des ouvrages de fée : qui achèvera cette belle fleur en tapisserie que ses doigts mourants ont commencée ?

Voici une ombrelle que le soleil du désert a fanée et qui évoque une scène émouvante : c'était au pied des pyramides. Sarah, la sœur robuste et intrépide, gravissait sur le dos d'un Nubien le tombeau des Pharaons, tandis que Rachel, Cléopâtre mourante, assise sur le sable, regardait le sphinx immobile ! Que lui disait-il ?

Il faut entendre la femme aimante qui a survécu parler de la grande artiste qui n'est plus ! Tout ce qu'elle a recueilli d'elle mériterait d'être écrit. Durant deux ans elle a veillé sur cette vie glorieuse qui s'éteignait ; jeune mère attentive de cette sœur adorée.

Parfois le dîner et le salon de l'hôtel de France réunissaient la plus attrayante compagnie : outre les personnes que nous avons nommées tout à l'heure, plusieurs jeunes femmes et plusieurs jeunes filles charmaient les regards par leur élégance et leur beauté. La fleur, la perle, nous dirions volontiers la lionne de ces groupes harmonieux, si le mot n'était devenu banal, était mademoiselle Lewkowiskh, une jeune et brune Polonaise de dix-huit ans, à la taille et aux yeux de Junon, aux narines ouvertes, à la bouche charmante et perlée d'où s'échappe une voix puissante dont les échos des Eaux-Bonnes rediront longtemps les accents.

Mademoiselle Lewkowiskh exerce involontairement la *flirtition* sur tout ce qui l'entoure. Elle paraît et séduit comme les sirènes de l'antiquité dont parle Homère. Parmi ses plus assidus admirateurs durant la saison des eaux, citons M. Eugène Laval [1], architecte du gouvernement, esprit vif et lettré.

Parfois, la belle voix de mademoiselle Lewkowiskh se faisait entendre à l'issue du dîner, ou bien quelque amateur jouait au piano des airs de contredanse. Alors commençait un bal improvisé, et les malades oubliaient leurs souffrances.

Je vois le lecteur sourire à ce mot de *malades* : les eaux, pense-t-on, n'attirent que les *ennuyés* et les *curieux*, et aussitôt que leurs fantaisies sont satisfaites, voilà le mal qui les tourmentait guéri ; le plaisir est donc le meilleur médecin des eaux ! Non, non, il est des malades gravement atteints, et dont le travail, les passions, les chagrins ont miné l'organisation. Il faut à ceux-là un médecin éclairé, qui les

---

1. Mademoiselle Lewkowiskh est aujourd'hui madame Laval.

comprenne et les dirige dans le régime qu'ils doivent suivre. Ainsi, boire les *Eaux-Bonnes* ne suffit pas; ces eaux ne sont pas miraculeuses, elles aident à la guérison ; mais c'est surtout des conseils et de la pénétration du médecin que la guérison entière dépend. M. le docteur Daralde a été longtemps l'oracle des Eaux-Bonnes, et y a laissé des souvenirs ineffaçables. Une maladie fatale a enchaîné tout à coup ses facultés.

M. Daralde a dû renoncer à son ministère. La foule des malades, comme un troupeau effaré, s'est d'abord épouvantée d'avoir perdu son berger. Mais les princes et les princesses, les gens du monde et les artistes ne s'effraient de rien. Avant tout, ce qu'il leur fallait, c'était un médecin de Paris, un homme qui comprît leur vie tourmentée et ardente, et partant les souffrances physiques qui en découlent; un homme qui dissimulât la science sous l'esprit, la profondeur sous l'enjouement et une pratique exercée sous l'apparence d'une pénétration soudaine; enfin, pas de pédantisme et beaucoup de savoir.

Le docteur René Briau, bibliothécaire de l'École de médecine, réunissait toutes ces conditions. Hautement estimé de l'Académie de médecine de Paris et de tout l'Institut de France, il s'est acquis à Paris et à l'étranger une double réputation comme écrivain et comme praticien. Une fée bienfaisante semblait l'avoir envoyé cette année aux malades des *Eaux-Bonnes*. Aussi a-t-il obtenu d'emblée *la haute clientèle*, comme on dit ; presque toutes les personnes de distinction que j'ai nommées ont eu les soins du docteur Briau. Les deux jeunes et charmantes princesses Ghyka et Galitzine l'ont mis à la mode.

Lorsque les nombreux convives venus là de toutes les parties du monde sont rangés à l'entour de l'immense table d'hôte de l'hôtel de France, et que les domestiques affairés font circuler les énormes saumons, les pièces de venaison fumantes et les sorbets glacés, qui pourrait se croire au milieu d'une des gorges les plus sauvages des Pyrénées et en compagnie de malades dont plusieurs sont déjà touchés par le doigt irrémissible de la mort ? Chacun semble revivre à cette heure du repas du soir : les femmes revêtent leurs plus jolies toilettes pour se montrer après dîner à la *Promenade horizontale;* les hommes, plus négligés, arrivent cependant avec du linge blanc et une barbe fraîchement rasée ; on s'examine, on cause, on disserte ; les sympathies et les antipathies se dessinent, et on finit par former de petits groupes distincts qui ne se mêlent jamais.

Comme thème d'observation, cela est assez amusant durant quelques instants de la journée ; mais un esprit élevé et recueilli se lasserait bientôt de ce bruit et de ce contact si la grandeur de la nature ne lui offrait au dehors de longues heures de solitude et d'admiration.

C'est là qu'il faut relire, et que j'ai relu, la *chanson de Roland*, ce superbe monument de la poésie française au XIe siècle ; j'ai pu constater comment les grands poëtes sont éternellement vrais. On voit toujours dans les Pyrénées : « L'herbe verte où » coulent les torrents ; — les longues vallées où le » son pénètre et se répercute ; — les ténébreux défi- » lés au bord des gaves rapides et ces roches de mar- » bre d'où le Sarrasin épiait le héros français mou- » rant [1]. »

C'est ainsi qu'Homère a décrit quelques rivages et quelques terres de l'Asie-Mineure avec une telle précision que, l'Iliade ou l'Odyssée en main, le voyageur les reconnaît encore aujourd'hui.

Dès le lendemain de mon arrivée, j'eus hâte de parcourir les paysages grandioses qui étreignent en tous sens les Eaux-Bonnes ; partout la nature sauvage lutte contre l'envahissement des maisons. Les hôtels

---

1. Fragmens de la *chanson de Roland*.

sont adossés aux parois des rocs, et l'on peut entendre de la fenêtre de sa chambre le bouillonnement des torrents voisins.

Je montai l'étroite rue de la Cascade, et bientôt je découvris la chûte du *Valentin* se précipitant du haut d'un roc en trois nappes d'écume où le soleil étale toutes les couleurs du prisme. L'eau tombe bruyamment dans une cavité profonde qui décrit une sorte de bassin circulaire ; un pêcheur retirait de cet abîme des filets ruisselants où frétillait une myriade des mêmes petites truites qu'on nous servait chaque jour à déjeuner.

Après cette chute, le *Valentin* décrit sous l'ombre et dans les sinuosités des rochers couverts de buis et de fougères une foule de petites cascades ; son cours se continue ainsi jusqu'à sa jonction avec le torrent des Eaux-Chaudes dont j'ai déjà parlé et que je décrirai bientôt. Mais au lieu de descendre le *Valentin* ce jour-là, j'eus la fantaisie de le remonter, et je dirigeai ma promenade au-dessus de l'établissement thermal ; je tournai à gauche et je me trouvai dans un sentier ombreux tracé au flanc de la montagne, et dont la solitude semblait gardée par un vieil aveugle qui abritait la cécité de son chef branlant sous un béret basque. Il était là assis sous un hêtre tortueux, roulant les grains d'un énorme chapelet de buis dans ses mains, gardien impassible du gouffre béant derrière lui.

Ce gouffre est riant comme l'est toujours chaque lambeau de terre qu'une luxueuse végétation recouvre. Les grands arbres s'enchevêtrent sur cette pente rapide; les touffes serrées de buis, de fougère, de bruyère rose et de roquette jaune en tapissent le sol et descendent jusqu'au lit du torrent où un faux pas dans l'étroit sentier pourrait vous faire rouler sur le feuillage glissant des arbustes. Mais née dans un pays alpestre que traverse la chaîne des *Alpines* provençales, j'ai contracté dès mon enfance l'habitude des hauteurs : j'avançai donc d'un pied sûr dans les défilés de rocs et de verdure, et après avoir tourné le sentier qui forme un coude au flanc de la montagne, j'aperçus de nouveau le *Valentin* qui bondissait en une chute moins haute que celle dont j'ai parlé, mais plus large et sur laquelle est jeté un pont de pierre conduisant au joli village d'Aas, groupé en face sur les fraîches pelouses de la *Montagne verte*.

Ce village est dominé par une église dont la cloche agitait en ce moment ses sons clairs et vibrants dans le calme de l'air. — Je vis s'avancer en face de moi, à pas précipités, un paysan chargé d'une grande hotte pleine de neige durcie qu'il venait de chercher au sommet du pic du Ger, et qui devait servir le soir à la confection des glaces et des sorbets. Tout à coup, au son de la cloche, le montagnard s'arrête et s'agenouille haletant sous le poids de sa hotte; il joint les mains et se met en prière; ses yeux se tournent vers le ciel et son visage exprime une extase si sincère que je n'ose l'interrompre et l'interroger; ce n'est que lorsque son oraison est finie et qu'il se lève pour se remettre en route que je lui demande si c'est l'angelus qu'il vient de réciter.

— Non, madame, me répond-il en patois basque, je viens de prier pour une âme qui s'en va, comme par toute la campagne on priera pour la mienne quand je partirai.

— Cette cloche de l'église du village d'Aas sonnait donc un glas d'agonie? lui dis-je.

— Oui, madame.

Et comme je restai pensive songeant à cet usage touchant, il me crut frappée d'un peu de terreur et il ajouta :

— Oh! que cela ne vous effraye pas; vous n'entendrez jamais cette cloche aux Eaux-Bonnes.

— Et pourquoi donc, repris-je en souriant, est-ce qu'on n'y meurt pas?

— Oh! souvent au contraire, mais on y cache les morts, et avant que le jour ne se lève on va les enterrer là-bas, au cimetière d'Aas, sans que les malades riches les aient vus et se soient même doutés qu'ils sont morts. — Car voyez-vous, madame, ajouta-t-il sous forme de réflexion, pour le riche c'est très-dur de mourir; mais pour nous autres, pauvre monde, ce n'est rien; il nous est bon de penser que nous serons mieux dans le paradis que dans cette vie. Puis, portant la main à son béret, il me salua, et, secouant son lourd fardeau, il se remit en marche rapidement.

Ce jour-là je ne poursuivis pas plus avant ma promenade au dessous de la gorge ombreuse au fond de laquelle coule le *Valentin;* l'horloge de l'établissement thermal sonna quatre heures et m'avertit qu'il était temps d'aller boire ma *dose* d'eau. A ce moment de la journée, on rencontre toujours une foule parée sous les galeries qui conduisent à la bienfaisante fontaine de marbre blanc : on se salue, on échange les nouvelles des Eaux et celles reçues le matin de Paris. Les femmes se complimentent sur une robe et sur un chapeau; c'est un défi de toilettes qui se continue à l'issue du dîner.

La *Promenade horziontale* devient, à cette heure où le soleil se voile, une sorte de Longchamp qui voit passer les modes les plus fraîches; on dirait que les femmes, jalouses des grâces et de la beauté de la nature, veulent lui disputer les regards charmés des promeneurs.

Au flanc de la montagne occidentale qui borne les Eaux-Bonnes, on a creusé et parfois taillé dans le roc la *Promenade horizontale*; en l'apercevant de loin, quand on arrive par la route des Eaux-Chaudes, on dirait une large écharpe jaune ondoyant sur la robe verte de la montagne. C'est sur les pentes inférieures du mont Gourzy, tout couvert d'arbres séculaires, que cette belle promenade a été tracée; on a épargné çà et là avec un rare bonheur des frênes et des ormes aux troncs énormes et tortueux, dont les branches touffues semblent se précipiter sur la tête des promeneurs. C'est d'un très-bel effet sauvage. De distance en distance, du haut du roc perpendiculaire filtrent de petites sources dont les gouttes cristallines, frappées par le soleil levant, ont l'éclat des pierreries.

On parvient à la *Promenade horizontale* par une montée très-douce qui se fond pour ainsi dire dans une allée de *Jardin des Anglais* dont j'ai déjà parlé : on a alors à sa droite les hauteurs du mont Gourzy formant une sorte d'immense rideau vert sombre tranchant sur le bleu vif du ciel. A gauche sont des pentes plus douces que recouvrent des arbres moins hauts sous lesquels jasent de jolis cours d'eau dont les voix légères vont se confondre à la voix plus retentissante du *Valentin* qui mugit là-bas dans un ravin profond. Toutes les pentes des collines sont tapissées de fougères et de buis, l'air vif s'empreint de leurs bonnes et vivifiantes senteurs. Dès le début de la promenade s'élève à gauche un pavillon à jour dont le toit pointu abrite quelques bancs; c'est là que s'assoient les malades les plus faibles; ils ont alors en face (en tournant le dos à la promenade) la double ligne grimpante des maisons des Eaux-Bonnes s'élevant jusqu'à l'établissement thermal que couronnent le *Plateau de l'Espérance*, la *Butte du Trésor* (noms symboliques du rocher d'où jaillit l'eau bienfaisante) et au-dessus le pic du Ger au sommet couvert de neige, blanc et souriant dans la splendeur du ciel bleu comme un beau vieillard couronné de sérénité.

Mais continuons à marcher sur cette *Promenade horizontale* que bornent au nord les premières chaînes de montagnes de la vallée d'Ossau et l'entrée de la gorge des *Eaux-Chaudes*. En avançant, la promenade fait un coude autour du roc, et à la pointe extrême de cet angle, qu'elle décrit sur des précipices, s'élève un autre pavillon où l'on s'assied pour écouter tomber le torrent. Jusque-là, du côté gauche, quelques bancs ombragés d'arbres s'adossent au roc et offrent des haltes de repos ; mais aussitôt qu'on a dépassé le pavillon l'aspect de la promenade est plus nu et plus sauvage ; les femmes élégantes qui viennent seulement pour se montrer, comme elles se montrent au bois de Boulogne à Paris, ne vont pas plus loin ; mais les artistes et les poëtes avancent jusqu'au bout de cette route pittoresque creusée dans la montagne : je l'ai parcourue à toutes les heures. Le soir, la cime des montagnes de la vallée d'Ossau, qu'on a vis-à-vis soi en avançant toujours, se drapait de teintes pourpres graduées de rose et que les lueurs voisines du soleil couchant faisaient flamboyer comme un incendie.

Le matin, souvent ces sommets nageaient dans des vapeurs nacrées dont ils se dégageaient tout à coup comme balayés par la lumière qui montait à l'Orient ; à midi, les couches successives des montagnes jusqu'au faîte des pics les plus élevés, se dessinaient nettement sur l'étendue uniforme et sans tache du ciel bleu ; chaque accident de ces masses grandioses, vallées, villages, bois, torrents, pentes de gazons, roches de marbre se groupait en relief, sur ce fond inaltéré.

Attirée par ce magnifique tableau toujours le même, mais que les effets de lumière variaient à l'infini, j'allais souvent jusqu'aux dernières limites de la *Promenade horizontale* : les arbres ne l'ombrageaient plus; les buis seuls montaient à ma droite depuis le fond du ravin jusqu'au bord de la route et descendaient à gauche de la montagne moins boisée et effondrée çà et là; tout à coup le chemin tracé finissait devant une prairie close par une claire-voie et une grange autour de laquelle quelques poules picoraient.

Ces petites granges à toitures grises n'ayant qu'une porte basse et une étroite fenêtre, ne servent pas en général d'habitation aux montagnards, ils y abritent seulement leurs récoltes de maïs et de foin, et en temps d'orage s'y réfugient momentanément avec leurs bestiaux. Pourtant les poules et un ânon paissant tout près, me faisaient penser que cette grange était habitée quoique je n'en aie jamais vu sortir personne. — Je poussais la porte de la claire-voie et je m'asseyais ordinairement sur un fragment de roc tombé dans la prairie et qui y formait un banc naturel; j'avais au-dessus de ma tête le bois de sapins qui s'échelonnait sur le mont Gourzy; l'air s'imprégnait d'une forte odeur de résine qui me semblait un baume pour ma poitrine malade; dans les entre-déchirements des rocs à ma gauche, je voyais tout près la route monumentale des *Eaux-Chaudes;*

en face, à mes pieds, le village de Laruns, plus loin celui de Bielle et la route de Pau s'enfonçant dans la vallée charmante que j'avais suivie et décrite en me rendant aux Eaux-Bonnes.

J'étais si malade et si faible au commencement de mon séjour aux Eaux, que je faisais bien des haltes avant d'arriver au terme de cette promenade préférée. Tantôt je m'arrêtais sur un banc au soleil, tantôt je m'étendais sur une pente de gazon et je m'endormais presque, bercée par la brise chaude qui soufflait sur ma tête. Un jour, après une de ces crises de toux violente auxquelles succède un anéantissement qui fait croire à la mort et qui participe du calme qu'elle doit donner, je m'étais blottie entre une touffe de grand buis et une touffe de haute fougère sur le versant gauche de la route. C'est là que je composai les vers suivants, expression fidèle de la tristesse sereine qui m'envahissait :

Quand des grands pics brisés, tels qu'un monde en ruine,
Le Gave harmonieux tombe avec de longs bruits,
Et que l'air chaud du jour soulève des collines
La saine odeur des pins, des maïs et des buis,

Lorsqu'un soleil ardent jette ses étincelles
Sur la neige durcie à la cime d'un mont,
Et que sur ces hauteurs, semblant avoir des ailes,
Planc le berger basque un béret rouge au front,

Dans la gorge profonde où quelque source pleure
Parmi les gazons verts, fleurissant à mes pieds,
Souvent je vais m'asseoir et, laissant passer l'heure,
J'évoque de mon cœur les spectres oubliés.

Dans l'écume d'argent du torrent qui bouillonne,
Sous les grands hêtres noirs des lointaines forêts,
Sur les sommets neigeux que le soleil couronne,
Rêveur, pâle et mourant c'est toi qui m'apparais.

C'est toi, c'est toujours toi, spectre de ma jeunesse,
Toi mon amour si vrai, toi mon espoir si doux,
Toi le pur dévouement et la sainte tendresse
De la vierge qui tremble en s'offrant à l'époux!

Tu revis, et je sens se chercher et s'étreindre
Nos cœurs, tristes jouets d'un long malentendu;
Et pour ne plus les voir ni pâlir ni s'éteindre
Nous retrouvons l'amour et le bonheur perdu.

Un monde dont mon cœur pressentit la lumière,
Nous entoure soudain de sereines clartés;
Je sens renaître en moi mon extase première,
Et riante d'amour je marche à tes côtés.

Oh! cette vision c'est la mort qui s'avance,
La mort qui réunit, la mort qui rend meilleurs,
Et qui ranime au jour de notre délivrance
Les rêves d'ici-bas qu'on réalise ailleurs!

Témoins de ton angoisse et de ton agonie [1],
Ces lieux semblent garder quelque chose de toi ;
Et par une secrète et funèbre harmonie
Le mal dont tu souffris aujourd'hui brûle en moi.

C'est la même langueur dont je me sens saisie,
Apaisement du cœur, défaillance du corps ;
Et mon âme s'exhale en cris de poésie,
Comme faisait la tienne en suaves accords.

Je meurs en comtemplant cette terre si belle,
Qu'avant de se fermer cherchaient tes yeux ravis,
Ce ciel, ces monts, ces bois, d'une sphère nouvelle
Semblent former pour moi le radieux parvis.

La pelouse fleurie est mon lit mortuaire,
Le torrent qui bondit, mon glas rafraîchissant ;
La nature vers toi m'emporte en me berçant,
Et du profond éther l'azur est mon suaire.

Quand je me sentais ainsi m'éteindre et mourir doucement, par un instinct propre à quelques hommes comme à quelques animaux, je souhaitais la solitude la plus absolue pour finir de vivre dans le recueillement et la paix. Insensiblement un peu

---

1. Compositeur de musique distingué, M. Hippolyte Colet, est mort à quarante ans d'une maladie de poitrine.

de force me revint, je respirai plus librement, je pus gravir quelques hauteurs sans tomber ensuite anéantie. Un jour, après avoir bu mon verre d'eau thermale, je me sentis toute ranimée ; je franchis la terrasse plantée de tilleuls de l'établissement, et je commençai à monter d'un pas ferme la pente du *Plateau de l'Espérance;* je suivais un sentier bordé d'une haie de buis et de noisetiers sauvages et ombragé de platanes et d'acacias; je m'assis sur une plate-forme de gazon ; j'avais au-dessus de moi la *Butte du Trésor,* qui enserre dans ses flancs la source chaude, et qui se couronne d'un kiosque ; après quelques instants de repos, je commençai l'ascension du roc abrupte, facilitée par un sentier ombreux qui tourne en spirale jusqu'au point culminant du mamelon. J'arrivai à l'entrée du kiosque un peu essoufflée, mais sentant que le sang affluait à mes joues au lieu d'étouffer ma poitrine et mon cœur. Je m'assis sur un banc du kiosque et, la tête appuyée entre les interstices de ses légères colonnes de bois, je bénis en l'admirant la nature qui me guérissait.

En abaissant les yeux, je voyais se dérouler à mes pieds les blanches et riantes habitations des Eaux-Bonnes ; à ma droite, la *Montagne-Verte* étendait ses immenses pelouses; au loin, en face de moi, et comme le gardien de la vallée d'Ossau, un mont gigantesque découpait dans le ciel les dentelures énormes de ses pics décharnés ; à ma gauche, le mont Gourzy couronnait son sommet de grands sapins qui s'échelonnent en pyramides ; puis, quand je me retournais de l'autre côté du kiosque, j'avais au-dessus de ma tête le faîte de granit du *Pic du Ger*, couvert d'une neige pure qui se confondait avec quelques flocons de blanc nuage nageant dans l'azur ; à mes pieds, entre les crevasses des rocs bouleversés jaillissent de petites cascades ou plutôt des courants d'eau qui servent de lavoirs aux blanchisseuses des Eaux-Bonnes ; de la hauteur où j'étais, à peine si on entendait monter par intervalles et par lambeaux quelques coups de battoirs et des fragments de complaintes chantées par les lavandières ; le linge blanc s'étalait sur les arbustes odorants et sur les pentes gazonnées ; il y contractait une saine et bonne odeur.

Les montagnes me parurent ce jour-là d'une beauté inaccoutumée ; la température était tiède, pas un souffle d'air n'agitait la cime des arbres ; il y avait dans l'atmosphère comme une quiétude qui me gagnait et me pénétrait de bien-être. Je ne souffrais plus ; je m'abandonnai longtemps à un ravissement qui ressemblait à une prière. Le jour décroissait, j'oubliais la fuite des heures et l'appel du dîner; la suavité de l'air et la sublimité de la création me nourrissaient; c'était une convalescence à laquelle l'âme prenait une large part. Je vis le soleil se coucher au front du mont Gourzy et quelques étoiles apparaître au-dessus de la Montagne-Verte. Quand je me décidai à quitter le banc du kiosque, tout le ciel d'un bleu sombre scintillait de constellations; la lune projetait son disque sur le sommet d'un bois; les masses des montagnes se découpaient en brun sur le firmament. A mesure que je descendais, j'entendais un chant d'église venir jusqu'à moi; quand je fus arrivée à la terrasse de l'établissement thermal, je vis la chapelle des Eaux-Bonnes, adossée à la base de la *Butte du Trésor*, tout éclatante de lumière.

Les montagnards qui célébraient le mois de Marie étaient agenouillés sur la place de la petite église; les pâtres basques tenaient leur béret à la main et les vieilles paysannes inclinaient sur leur poitrine leur tête couverte d'un capulet; hommes et femmes roulaient dans leurs mains un chapelet de buis. Même pour ceux qui ne prient pas de la même manière, cette foule prosternée, se détachant sur le fond lumineux de la chapelle éclairée, qui à son tour se dessinait sur la montagne verdoyante dominée par le ciel limpide et étoilé, formait un tableau saisissant et sacré qui faisait planer l'âme.

Pendant que l'efficacité des eaux et la douceur de la température m'arrachaient à la mort, la surveillance éclairée du docteur, les longues causeries intellectuelles avec la princesse Vogoridès et quelques hommes distingués; les attentions d'ange d'une blonde jeune fille de Jassy, amie de pension de ma fille; les soins assidus de la sœur de l'illustre Rachel, qui me grondait avec une bonté émue lorsque je voulais travailler et me disait, en m'arrachant la plume des mains : « Voulez-vous donc que l'art vous tue comme il l'a tuée ! » tous ces empressements réunis composaient pour mon âme une atmosphère aussi bienfaisante que l'était pour mon corps l'air des montagnes que je respirais.

Bientôt je me sentis assez de force pour entreprendre des promenades plus longues. Seulement, par ordre du docteur, je devais m'aider de l'animal pacifique qui réchauffa la crèche de son souffle et servit à la fuite en Égypte. Un matin, après un orage qui avait laissé aux branches des arbres de belles gouttes claires comme des diamants, je partis avec l'aimable jeune fille valaque et sa mère ; nos trois montures, précédées d'un guide, franchirent le *Jardin des Anglais* et se dirigèrent vers la *Promenade hori-*

zontale; mais au lieu de la suivre en avançant vers le nord, nous tournâmes bientôt sur un sentier plus étroit creusé dans les flancs du mont Gourzy du côté du midi. Ici l'art a moins fait que pour la *Promenade horizontale;* le sentier à peine frayé est envahi par les broussailles et par le feuillage recourbé des hêtres qui répandaient sur nos têtes des perles de pluie; quelques-unes roulaient comme de belles larmes sur les blonds cheveux de la jeune fille et s'arrêtaient sur ses joues roses et nacrées. Son large chapeau rond, flottant sur ses épaules, laissait à découvert sa tête animée par le grand air et l'allure un peu rude d'un âne rétif.

Nous aurions voulu avancer plus vite, mais le guide nous répétait qu'il fallait ne point forcer le pas de nos bêtes sous peine d'accident dans ces sentiers perpendiculaires au-dessus des précipices; le plus sage, dans ces sortes d'excursions, est de s'abandonner à ces guides montagnards qui connaissent si bien chaque anfractuosité de roc. La veille encore, il était arrivé une étrange catastrophe. Du haut de l'étroit chemin que nous parcourions, un écolier en vacances, de dix-sept ans, qui en était à son coup d'essai en fait d'équitation, avait voulu monter sans guide un de ces bons petits chevaux basques, dociles et obéissant à la main qu'ils connaissent, mais fringants et indomptés si une main étrangère fait jouer un mors trop dur dans leur bouche fine.

L'écolier parcourut d'abord au pas ces sentiers embarrassés par les branches des arbres et les touffes de bruyères pendantes des rocs ; mais quand l'étroit chemin fut à découvert, délivré de l'importunité du feuillage et oubliant le gouffre béant à sa gauche, il crut pouvoir jouer de l'éperon ; la bête effarouchée se précipita aveuglément et roula avec son cavalier dans l'abîme. Leste et souple comme un singe, le jeune homme se dégagea de l'étrier et se suspendit à un arbre tandis que le pauvre cheval continuant à rouler laissait de sa chair et de ses entrailles à chaque degré du mont. Avant d'avoir atteint la base il était mort ; le guide nous montra les traces de son sang et l'arbre auquel le cavalier s'était accroché.

— Mon maître, nous dit-il, n'a pas demandé un sou d'indemnité pour ce bon cheval qui était son préféré, il n'en avait pas le droit, car l'homme aurait pu se tuer aussi ; mais n'ayant pas eu une égratignure, ce petit monsieur, tout de même, aurait pu dédommager mon maître.

Ce furent les princesses Galitzine et Vogoridès, qui, quelques jours après, offrirent au loueur le prix intégral de ce joli cheval mort qu'elles avaient monté souvent avec sécurité.

Revenant sur nos pas et craignant de nous avancer du côté de ce précipice encore ensanglanté, nous nous avançâmes au-dessus de la promenade *Grammont* que nous venions de parcourir (elle doit son nom aux anciens ducs de Grammont originaires du Béarn), et nous franchimes les premiers sentiers de la promenade *Jacqueminot*, qui se dégage sur les plateaux supérieurs du mont Gourzy. Nous pénétrâmes avec ravissement à travers ces bois silencieux ; après avoir franchi la région des hêtres, nous nous trouvâmes dans celle des sapins aux troncs énormes et aux rameaux réguliers dessinant leurs dentelures sur un ciel d'un bleu limpide ; les brins menus tombés des branches formaient sous nos pieds un sable odorant dont la senteur dilatait la poitrine. Bientôt nous nous trouvâmes sur un pan plus reculé du mont Gourzy où les arbres moins pressés faisaient place à de belles pelouses fleuries.

Nous nous assîmes embrassant du regard les horizons que j'ai déjà décrits, et tandis que nos ânes broutaient l'herbe fraîche, nous fîmes une collation de fruits et de gâteaux sur la même nappe de gazon où le général Jacqueminot (dont cette promenade porte le nom) a donné, dit-on, un splendide festin. J'étais si ravie de la beauté tranquille de ce lieu que j'aurais voulu m'y arrêter longtemps, ou plutôt poursuivre notre excursion sur les plateaux supérieurs du mont; mais il nous fallait deux heures pour descendre et le jour décroissait; nous dûmes songer au retour. Je me promis bien de revenir seule avec un guide sur les hauteurs superbes qui s'échelonnaient au-dessus de ma tête et d'en parcourir tous les mystères pittoresques et charmants. On verra comment ce désir de Dryade me porta malheur.

Ces excursions à âne m'étaient très-salutaires; tantôt je les faisais seule, tantôt en riante et douce compagnie. Nous allâmes une après-midi à la *grotte Castellane* avec les deux aimables dames valaques qui m'avaient accompagnée au mont Gourzy, et le prince Constantin Ghyka, qui nous précédait à cheval; sa belle enfant de quatre ans, costumée en paysanne béarnaise, chevauchait sur un ânon à côté de nous. Nous descendîmes la route des Eaux-Bonnes, qui conduit à Laruns, rasant la pente escarpée au fond de laquelle le *Valentin* assoupi fait entendre un doux gazouillement qui contraste avec le bruit formidable que répandent plus haut les cascades formées de ses eaux. Bientôt nous découvrîmes sur une jolie pelouse des arbres étrangers plantés çà et là en petits groupes et en cabinets de verdure. C'est comme un essai en miniature d'un jardin anglais. Là est écrit sur un poteau, au seuil d'un sentier qui descend en serpentant jusqu'au fond du ravin : *Grotte très-curieuse.*

A un signal de notre guide montagnard, une vieille femme parut sur la porte d'une grange voisine et vint nous offrir de nous conduire à la *grotte Castellane.* Le comte Jules de Castellane, qui est un homme d'imagination et un grand seigneur riche et oisif, vint, en 1841, boire les Eaux-bonnes; il se passa la fantaisie de cette grotte comme il s'était passé le caprice d'un théâtre dans son hôtel, rue Saint-Honoré; il fit plus : ce lieu lui paraissant pittoresque, il annonça qu'il s'y ferait bâtir une *Villa.* Un architecte dressa des plans, et on commença à dessiner un labyrinthe et quelques sentiers. De ce rêve, il n'est resté qu'une inscription sur une plaque de marbre noir où l'on lit : *Villa Castellane;* quant à la villa, c'est un château en Espagne, tel que l'aimable comte en a fait tant d'autres dans sa vie. Mais la grotte existe réellement. Laissant nos montures sur le bord de la route, précédés de la vieille femme qui tenait une clé rouillée à la main, nous descendîmes dans le ravin par le sentier tortueux et abrupte que le comte de Castellane a fait creuser.

Autrefois, l'accès de la grotte n'était praticable que pour quelques chevriers. A nos pieds coulait, avec des détours sinueux, le torrent limpide ; en face, s'élevait un rocher gigantesque où se groupe le joli village d'Assouste. C'est sur ce mont qu'au moyen âge se juchait le manoir féodal du même nom ; il fut rasé au XVIe siècle, durant les guerres civiles, il n'en reste pas de traces ; la végétation a enseveli ses derniers vestiges et les a pour ainsi dire assimilés au sol.

Nous étions arrivés au bord du *Valentin* frémissant sous l'ombre des arbustes entrelacés ; la vieille montagnarde se détourna à gauche et ouvrit une porte dans le roc, nous la franchîmes et nous nous trouvâmes dans la grotte : elle est petite et ornée comme un boudoir que la nature aurait disposé là pour quelque nymphe ou quelque ondine. De ses parois arrondies descendent les girandoles des stalactites brillantes comme des bouquets de pierreries quand la flamme des torches, ou le soleil levant s'engouffrant par la porte, les illumine tout à coup. Quelques-unes de ces stalactites sont claires comme le cristal, d'autres opaques comme le marbre ; elles brillent de toutes les couleurs du prisme ; à chaque pointe pend une goute d'eau, ainsi des larmes au bord de longs cils. Je regardais charmée cette jolie grotte ; j'aurais voulu y abriter une source thermale et m'en faire une salle de bain.

Le dimanche suivant, 15 août, c'était la fête paroissiale du village de Laruns ; toutes les voitures des Eaux-Bonnes, calèches, diligences, chars-à-bancs et toutes les montures, ânes, mulets, chevaux furent mis dès le matin en réquisition pour transporter les buveurs d'eau à la fête. De la calèche où j'étais assise, et qui roulait sur la route unie, je voyais défiler la foule riante des cavaliers et des piétons ; les villageois descendaient les sentiers fleuris des montagnes et arrivaient sur la grande route dont ils suivaient le bord. Les pittoresques costumes aux couleurs vives et où le rouge domine, se dessinaient sur la transparence de l'air et sur le bleu éclatant du ciel. Le village de Laruns est bâti au milieu d'un cercle de hautes montagnes ; quand nous y arrivâmes, les cloches battaient à toute volée et la procession sortait de l'église ; les jeunes filles portaient une bannière de la Vierge, peinture naïve et béate, s'étalant sur une moire bleue. Leurs têtes étaient couvertes du capulet béarnais en drap écarlate, doublé de damas amarante et posé carrément sur le front. Cette coiffure encadre le visage, laissant voir à peine quelques lignes des bandeaux plats et lisses ; la masse des cheveux est nattée en deux tresses qui pendent sur les épaules et dépassent le bord du capulet ; le corsage, ou corset, est serré à la taille ; il est en velours noir ou marron, orné par devant et autour de la ceinture de galons rouges s'alternant avec d'autres galons argentés ou dorés ; un fichu aux couleurs vives se plisse en forme d'éventail sur la poitrine et va croiser ses deux bouts derrière le corsage. Un cœur et une croix d'or sont suspendus au cou par un petit velours noir noué sur la nuque ; les deux jupes étroites en laine noire sont plissées menus vers le haut et garnies en bas d'un galon rouge ou bleu. Sur ces jupes se tend un petit tablier en mousseline blanche orné de grosse dentelle ; les bas sont en laine blanche tricottés à côtes et s'étalent en forme de guêtres sur les souliers en peau noire. Les vieilles femmes portent le même costume, mais dans des couleurs moins éclatantes ; quelques-unes ont un capulet en laine blanche bordé de velours noir. Les hommes suivent la procession en costume national ; les uns ont à la main un cierge allumé, les autres un livre de prières ; ils portent tous un béret bleu, brun ou rouge ; les plus jeunes préfèrent cette dernière couleur. Le béret des hommes est bien plus seyant que le capulet des femmes. Au lieu d'emprisonner les cheveux il les laisse à découvert séparés en deux parts égales de chaque côté du front et flottants en boucles naturelles sur le cou.

La tête des Béarnais est intelligente et fine, leur taille élancée ; les hommes sont plus remarquables que les femmes, quoique celles-ci aient en général les yeux vifs et doux et les dents blanches. La veste courte et ronde que portent les hommes est en drap pourpre, elle flotte sur une culotte courte en étoffe de laine brune attachée au-dessous des genoux par des jarretières rouges à glands ; les bas en grosse laine blanche, comme ceux des femmes, descendent aussi en forme de guêtres sur des souliers de cuir. N'oublions pas la ceinture en laine rouge qui ceint les reins et flotte sur le côté gauche, et le gilet en molleton blanc qui laisse à découvert la chemise de toile d'un éclat marmoréen et dont le col bas et serré, brodé à points de chaînettes forme une espèce de carcan d'où s'élance la tête. Quelques vieillards et quelques bergers suivent la procession avec un manteau de laine blanche qui les enveloppe tout entiers ; ils s'appuient sur un long bâton en buis.

Le gros curé de Laruns et son desservant portent les croix et psalmodient des cantiques que les chantres de l'église, les enfants de chœur et les fidèles répètent sur des tons plus aigus. La procession parcourt les principales rues du village, fait le tour de la place, puis rentre à l'église. Aussitôt cette même place où jaillit une fontaine et où s'élève l'*Hôtel-de-ville* avec sa petite façade en arcades, se remplit de mouvement et de bruit; toutes les fenêtres des maisons et des auberges regorgent de spectateurs; on dresse un mât de cocagne où sont suspendus un gigot, un lapin, deux poulets et une montre d'argent; on roule de chaque côté de la place deux gros tonneaux sur lesquels on place des chaises; les ménétriers arrivent et se juchent au haut de cet orchestre champêtre.

Un ménétrier joue du *tambourin*, instrument à cordes tendues sur un carré de bois long et qui rappelle la lyre antique; un autre souffle dans un *flageolet*, espèce de flûte dont il tire des sons aigus et clairs; un troisième râcle avec un archet court sur un petit violon. Les airs qu'ils jouent, et que quelques voix accompagnent sont lents et monotones; ils on une solennité triste. Ce sont les mêmes, assure-t-on, que chantaient les montagnards de l'ancienne Gaule et qui les conduisaient aux combats. Le tambourin et le flageolet n'ont pas changé et ont traversé les siècles sans altération, mais le violon est un instrument moderne. C'est aux sons de cette musique grave et mélancolique que se forment les danses béarnaises; elles participent des airs qui les dirigent ; ce sont des rondes tranquilles où les jeunes garçons et les jeunes filles tournent, les mains enlacées, avec des balancements calmes et mesurés; jamais un pas précipité, jamais un bond joyeux, jamais un entrechat ni une pirouette; à peine si les pieds des hommes se lèvent de terre et si ceux des femmes font flotter leurs jupons au ras de leur cheville; c'est une sorte de danse sacerdotale et mystique.

Les femmes, sous leur capulet, sont sérieuses comme les femmes de l'Égypte sous leurs bandelettes; il me semble que les danses de l'antique Thèbes devaient ressembler à ces danses basques.

On fait cercle autour de ces rondes si étranges; on ne se croit plus en France, on s'imagine être tout à coup transporté au milieu de quelque peuplade ignorée. Le contraste des spectateurs et des indigènes ajoute encore à la singularité du tableau ; je reconnais là des actrices de plusieurs théâtres de Paris, des chanteurs de l'Opéra, des hommes politiques, des généraux, des princes et des princesses; promeneurs ou malades sont venus en foule des *Eaux-Bonnes* et des *Eaux-Chaudes* pour voir cette fête des montagnes. Les toilettes parisiennes sont mêlées aux costumes béarnais; le *Panama* heurte le béret rouge, l'*Ombrelle marquise* le capulet. Tandis que les jeunes danseurs continuent sans fatigue et à pas comptés leur ronde éternelle, de petits montagnards de huit à douze ans se hissent au haut du mât de Cocagne. Quand un enfant approche du but on entend de longues acclamations, mais toujours contenues ; on dirait que les paysans de ces contrées ont peur des cris ; la grandeur et la solennité des montagnes leur inspirent une gravité recueillie.

C'est un petit berger de dix ans, habitué à gravir jusqu'aux sommets des pics neigeux, qui décroche au faîte du mât le lapin et la montre : j'assiste à son triomphe de la fenêtre d'une chambre d'auberge où je suis allée m'accouder. Les danses continuent sans éclats de voix ; les cabarets sont pleins de buveurs silencieux dont on entend à peine le choc des verres. Le soleil se couche à ma gauche derrière les montagnes dont les cimes se perdent dans l'éther et qui semblent circonscrire la place comme les murs géants d'une citadelle formidable ; le ciel d'un azur profond forme une tente uniforme au-dessus de nos têtes.

Insensiblement la place se dépeuple de spectateurs ; les uns remontent en voiture, les autres à cheval ; on se reconnaît, on se salue, on repart ensemble. Je ne sais pourquoi un impérieux désir de solitude me saisit en ce moment ; je reste là, seule à cette fenêtre ; la nuit claire et sereine fait scintiller ses premières étoiles, une brume blanche se répand au sommet des monts ; il me semble voir, au travers de cette espèce de suaire flottant, défiler le cortége douloureux des affections brisées par la mort et de celles, angoisse plus poignante, brisées par la vie ; elles prennent un corps visible, comme celui que l'on prête aux fantômes, et marchent là-haut devant moi aux sons de cette musique funèbre que les ménétriers engourdis font courir dans l'air. La nuit plus sombre enveloppe bientôt ma vision : je n'aperçois plus que le mouvement assoupi de la place où les danseurs continuent à tourner avec tranquillité. Je monte en voiture et reviens aux *Eaux-Bonnes*, frissonnante et morne. Chaque fête, chaque foule, chaque agglomération d'âmes que je traverse me laisse ainsi anéantie ou désolée.

Les jours suivants, je fis seule plusieurs promenades ; le temps était devenu brumeux et prêtait aux montagnes et aux vallées une nouvelle parure et de nouveaux aspects. Lorsqu'il avait plu le matin, et que le soleil brillait vers midi sur la vapeur bleuâtre qui montait des gorges profondes, on eût dit une mer laiteuse couverte d'un prisme immense ; cette étendue fantastique formait la première zône du paysage au-dessus de laquelle s'élevaient les hêtres et les cèdres noirs recouvrant les plateaux des montagnes dont les sommets dénudés se détachaient dans l'air et se couronnaient de beaux nuages.

Montée sur un âne, qu'un petit guide de douze ans conduisait par le licol, je partis un jour après un orage pour visiter les cascades du *Discoo* et du *Gros-Hêtre*, dont la pluie, disait-on, avait, doublé l'ampleur et le mugissement. Je franchis d'abord le sentier tortueux conduisant de la terrasse de l'établissement thermal, à une des chutes du *Valentin;* là même où j'avais rencontré le montagnard qui déposa sa hotte pleine de neige pour s'agenouiller au tintement d'un glas. Je m'arrêtai pour voir tomber avec furie le torrent blanc d'écume dont j'ai déjà décrit la course; j'en suivis le bord à gauche dans un sentier difficile et ombragé; les branches d'arbres, écartées par mon petit guide, m'aspergeaient, en retombant, de gouttes de pluie. Je traversai le pont jeté sur le Valentin et je longeai la pente inférieure de la montagne verte toute revêtue de larges pelouses et de petits champs cultivés. Je montai alors à la droite du Valentin; bientôt je perdis de vue ce torrent, et m'avançant toujours vers le midi, je traversai les premières lignes d'un bois de cèdres qui se dressaient au-dessus de ma tête dans une tranquillité solennelle.

J'aurais voulu faire une halte sous ce bois architectural digne de servir de théâtre à quelque belle scène d'amour; mais mon guide m'avertit que nous avions pour plus de deux heures de marche avant d'arriver au torrent du *Gros-Hêtre*. Déjà j'entendais le murmure voisin de la petite cascade du *Discoo* qui semblait me convier à suivre ses bords; je côtoyai bientôt une eau claire et peu profonde glissant sur un lit de rochers; je franchis un petit pont de pierre et je vis le torrent s'étendre en écume argentée sur une sorte d'escalier formé par le roc; un ruisseau qui vient en cet endroit se joindre au *Discoo*, grossit son cours sans le rendre plus bruyant. Je fis encore quelques détours dans le chemin sinueux et je me trouvai en face de la chute du *Discoo;* la cascade descendait d'un bois épais et tombait dans un immense trou, au-dessous du pont, d'où elle rejaillissait en trois nappes bien distinctes.

Le paysage qui m'environnait n'avait pas d'horizon, c'était calme et triste; la pluie commençait à tomber fine et légère comme la poussière du torrent; elle répandait un ton morne sur cette solitude où, seule avec l'enfant qui me guidait, je semblais perdue dans les profondeurs des Pyrénées. Les nuages sombres qui couraient sur la cime des monts m'annonçaient que l'orage allait éclater; j'aurais voulu mettre mon âne au trot; mais c'était imposible dans le sentier pierreux où nous cheminions. Mon petit guide marchait d'un pas ferme et rapide traînant toujours ma monture par le licol; aussitôt que la route le permettait et traversait quelque pelouse et quelque terre plane, il courait à toutes jambes et l'âne était forcé de le suivre.

Nous avions laissé la montagne verte à notre gauche, derrière nous; des collines à pentes plus douces, revêtues de buis, de prairies et de champs de maïs, lui succédaient; çà et là les petites granges dont j'ai parlé et qui servent aux montagnards à abriter leur récolte dressaient leurs quatre murs gris et leurs toits rougeâtres. A gauche c'étaient des rochers plus abruptes, tapissés d'une végétation touffue à travers laquelle filtraient par intervalles de petites cascades qu'enflait en ce moment la pluie qui tombait. Je sentais mon manteau mouillé et l'humidité me faisait frissonner. Je demandai à mon guide si nous serions bientôt arrivés à la cascade du *Gros-Hêtre,* but de ma promenade.

— Encore dix minutes et nous y sommes, répliqua-t-il.

— Mais si la pluie augmente, comment ferons-nous?

En ce moment un jeune montagnard à la taille souple et haute et à la figure rusée apparut derrière une haie.

— Si madame, me dit-il, après avoir vu la cascade, veut venir boire du lait chez moi, je vais lui en faire chauffer.

Et il montrait du geste une petite maison qui s'élevait à gauche sur un monticule.

— Non, pas de lait, répondis-je ; mais j'accepte un bon feu si vous voulez aller l'allumer.

Il répondit qu'il y courait, et, tandis qu'il s'élançait dans le sentier, nous nous dirigeâmes à gauche à travers champs pour gagner le bord du torrent dont nous entendions le mugissement voisin. Je dus bientôt mettre pied à terre, car mon âne enfonçait dans le sol amolli, puis il nous fallait traverser en piétons le courant d'eau qui bouillonnait sur un lit de rocs. Quand nous atteignîmes le bord, mes pieds étaient mouillés jusqu'à la cheville. L'enfant jeta sur la partie la plus étroite et la moins profonde du torrent une large planche de sapin qui reste là pour faire passer les voyageurs ; se mettant ensuite dans l'eau jusqu'au genou, il me dit de m'appuyer sur son épaule et d'avancer sans crainte.

Je marchai en chancelant un peu, car mes pieds

mouillés glissaient sur la planche ; mais en quelques secondes je fus à l'autre rive, où je continuai à suivre mon petit guide dans un sentier tracé dans le roc, et où nous perdîmes de vue le torrent ; mais j'entendais sa voix formidable, et bientôt il m'apparut sublime, se précipitant, en face de moi, d'un rocher nu et perpendiculaire que couronnaient quelques arbres qui découpaient la dentelure de leurs branches sur le fond du ciel. La masse d'eau, en se précipitant de cette hauteur, retombait en nappe neigeuse dont la poussière froide jaillissait jusqu'à moi ; l'eau, pulvérisée, s'engouffrait à mes pieds dans un lit profond qui s'encaissait tout à coup et semblait se perdre au fond d'un passage étroit et sombre entre deux masses granitiques aux parois desquelles poussent quelques arbustes épars suspendus sur le gouffre ; on dirait deux murs gigantesques abritant le fossé d'une citadelle fabuleuse.

Je restais là perdue dans mon étonnement et me rappelant un lieu à peu près semblable que j'avais vu à l'île de Wight, seulement ici la cascade était mugissante et courroucée, tandis que dans les *chine anglaises* [1] ce n'était qu'une eau tranquille qui glissait en nappe d'argent sur les parois de la montagne.

1. Corruption du mot *échine*.

Le site des Pyrénées l'emportait en grandeur sauvage. Éblouie par la beauté de ce tableau, je n'avais pas vu à mes pieds le tronc décapité du hêtre qui donne son nom à la cascade; il était là étendant son squelette crevassé sur l'abîme : pas un rameau, pas une feuille ne restait au pauvre arbre; c'était l'emblème de ce que nous devenons quand le tombeau a dissous nos chairs et notre chevelure. Ce grand débris d'arbre faisait mal à voir comme des débris d'ossements.

Je fus rappelée tout à coup à l'heure présente et à moi-même par un accès de toux violent et convulsif qui effraya mon petit guide; je m'aperçus que la pluie avait pénétré mes vêtements et qu'il était temps de repartir. L'âne broutait paisiblement sur l'autre rive; je traversai de nouveau le torrent sur la planche de sapin; je grelottais de froid, et quand je fus sur ma monture il me sembla qu'un accès de fièvre allait me saisir. L'enfant, toujours courageux et attentif, se mit à courir dans le sentier, entraînant l'âne sur ses pas; en quelques minutes nous fûmes devant la grange dont il poussa la petite porte basse.

—Eh! quoi, personne? lui dis-je en voyant la grange déserte au lieu d'y trouver le jeune montagnard que nous avions rencontré.

— J'ai deviné qu'il vous tromperait quand vous avez refusé son lait, me dit l'enfant.

— Eh! pourquoi donc?

— Parce que le lait ça se vend et le feu ça ne se vend pas.

Et tout en parlant il avait déjà réuni des branches sèches dans l'angle d'une petite enceinte de pierres qui précédait la porte de la grange. Il fit jaillir des étincelles de deux cailloux, alluma quelques feuilles mortes, souffla dessus avec ses lèvres, et bientôt la flamme s'éleva du bois petillant. Il détacha le bât de l'âne et m'en fit un siège, où je m'assis en face de cet âtre improvisé; cette chaleur bienfaisante me ranima; je quittai mes chaussures mouillées, l'enfant enveloppa mes pieds dans sa ceinture de laine rouge et les posa sur un caillou chaud.

La pluie avait cessé de tomber; mon manteau, mes bas et mes brodequins étalés auprès du large foyer flambant, séchèrent en quelques minutes; le soleil d'août perça les nuages et mêla sa flamme à celle du feu qui me réchauffait; je me hâtai bien vite de repartir, afin d'échapper à une nouvelle averse.

Mon petit guide, qui s'était montré si ingénieusement secourable et si attentif, m'intéressait, et, tout en repassant par les mêmes paysages que j'avais parcourus en allant, mais qui, au retour, me captivaient moins, je l'interrogeai sur sa destinée; il était orphelin; il n'avait pas connu son père; sa pauvre mère travaillait à la terre, portait les fardeaux de foin et et de maïs coupés, ou les larges charges de bois mort qu'on allait butiner dans les forêts qui couvrent les monts; un jour, il y avait de cela huit mois, elle fit un chemin trop long, toute courbée sous son fardeau trop lourd, elle prit une pleurésie dont elle mourut.

— Quand le prêtre l'eût administrée, me dit l'enfant, elle pleura beaucoup en m'embrassant; elle me dit : « Fais comme les autres, mon petit, si tu souffres trop dans le pays, maintenant que tu n'as plus de mère, pars pour l'Amérique. »

— Pour l'Amérique?

— Oui, madame, pour un endroit qu'ils appellent la Plata. Ils sont partis six cents il y a un an [1] et il y en avait beaucoup d'aussi jeunes que moi.

---

1. Le préfet des Basses-Pyrénées vient d'adresser à M. le ministre de l'intérieur un rapport relatif à l'émigration qui enlève au département des Basses-Pyrénées une grande partie de la population basque. Elle témoigne un goût de plus en plus vif à s'éloigner du pays natal pour aller chercher au-delà des mers une nouvelle patrie. Ainsi, dans le seul mois de septembre 1857, on a constaté cinq cent soixante-quatre émigrants, tous pour la Plata.

— Quoi! vous quitteriez ce beau pays, ces jolis villages, ces cascades, ces pics couverts de bois qui ont vu passer votre pauvre mère?

— Et qui l'ont tuée, répliqua l'enfant avec tristesse; à présent, madame, vous voyez la terre belle et gaie; mais en hiver c'est autre chose, il y a bien de la misère ici pour le monde.

— C'est donc bien décidé, vous émigrerez, mon petit ami? Il secoua la tête.

— Non, cela me ferait quelque chose; puis un de mes oncles qui a été à la guerre, m'a dit que c'était mal de me laisser embaucher, et que ma mère avait le délire quand elle m'a dit de partir; je resterai, et sitôt que j'aurai l'âge je me ferai soldat.

— Et en attendant?

— Je continuerai à servir la femme qui loue les ânes et les chevaux quoiqu'elle ne soit pas trop bonne et nous mène aussi dur que ses bêtes. Cette nuit elle m'a fait promener, sur la route des *Eaux-Chaudes*, un cheval malade pendant quatre heures, parce qu'on lui avait dit que cela le guérirait; quand je suis allé me coucher je *tremblais* la fièvre.

Tandis que mon petit guide me contait ses peines nous cheminions toujours vers les *Eaux-Bonnes*; nous nous trouvions dans la partie la plus pittoresque de la route, lorsqu'au détour d'un grand rocher, qui nous dérobait le chemin, nous vîmes tout à coup devant nous une des plus belles étrangères des Eaux-Bonnes s'appuyant au bras d'un jeune homme. Rien dans leur attitude ne pouvait redouter la surprise, et cependant, en m'apercevant, la jeune fille devint pourpre comme un coquelicot ; elle me salua et m'adressa quelques paroles en balbutiant. Elle avait bien tort de me redouter ; je ne trouve rien de plus simple et de plus charmant que ces sympathies qui ont pour cadre les beautés de la nature.

J'arrivai un peu lasse, mais ranimée et ayant la certitude que mes forces revenaient.

Par une belle matinée d'août, je partis en riante compagnie pour aller visiter les *Eaux-Chaudes* ; nous dépassâmes Laruns, que nous laissâmes à gauche, et, un peu plus loin, aux confins de la vallée d'Ossau, entre deux hauts rochers, nous vîmes s'ouvrir au midi un corridor étroit et sombre, d'où s'échappait à flots précipités et bruyants le Gave qui descend de Gabas et du Pic-du Midi. Nous suivions une route large taillée dans le roc et dominant le torrent encaissé dans des bords sauvages.

Bientôt s'offrit à nos yeux la longue et étroite vallée des *Eaux-Chaudes*. Ici plus rien des grâces que la nature étale sur les plans inclinés des collines des *Eaux-Bonnes :* plus de pelouses fleuries, plus de champs d'un vert tendre, plus de petites cascades riant et gazouillant au soleil. L'eau qui se précipite des montagnes s'engloutit dans des gouffres sombres, et à droite et à gauche se dressent des monts perpendiculaires de deux ou trois cents pieds de hauteur, d'un ton gris zébré de noir, ayant à peine quelques sapins rabougris suspendus à leurs parois ; ces monts sont d'un aspect grandiose et sauvage, ils formeraient une belle décoration à quelque scène d'horreur.

A mesure que l'on s'enfonce dans cette gorge étroite on n'aperçoit plus qu'un pan du ciel servant de voûte à ce corridor formidable ; rien de sinistre comme ce défilé quand un brouillard gris s'y engouffre et se confond avec la masse des montagnes. Lorsqu'on sort de ce passage surnommé le *Hourat* (ou la gorge du précipice), on voit à gauche, du côté opposé au *Gave* mugissant, la montagne s'incliner tout à coup ; là se dessine une route qui descend obliquement comme une rampe. Avant que la nouvelle route ne fût percée, c'est par cette pente rapide que l'on pénétrait dans la sombre vallée. Primitivement il n'y avait qu'un sentier glissant tracé au bord d'effrayants précipices. Les anciens princes du Béarn, Marguerite de Valois, la *Marguerite des Marguerites* (sœur de François Ier), son mari Charles d'Albret, roi de Navarre, leur fille Jeanne d'Albret, reine de Navarre, femme d'Antoine de Bourbon et mère de Henri IV, Henri IV lui même, s'aventuraient à dos de mulet sur ces rocs ardus pour aller se baigner aux *Eaux-Chaudes*; ils se logeaient dans des habitations rustiques et souvent improvisées, et se plaisaient durant l'été au milieu de ces sévères beautés de la nature. C'est peut-être à son long séjour dans les Pyrénées que la *Marguerite des Marguerites* a dû d'être poëte.

Au sommet de la route abrupte dont je viens de parler, on aperçoit les ruines d'un oratoire; les voyageurs s'y arrêtaient autrefois pour remercier la *Vierge de bon Secours*. Le vieux chemin traversait ensuite le Gave sur un pont étroit appelé le *Pont des Chèvres*; c'est le point de jonction où la nouvelle route se fond avec l'ancienne et continue à côtoyer la rive droite du torrent. Nous avions passé le lugubre et majestueux défilé, la vallée s'élargissait un peu, et, quoique toujours bornée par des monts gigantesques dont les cimes touchaient les nuages, elle perdait de son aspect désolé. Quelques cultures apparaissaient; insensiblement les montagnes s'abaissèrent du côté du levant, encadrant un bassin de verdure. Un groupe de maisons se dressa devant nous; nous étions arrivés au petit village des *Eaux-Chaudes*. Vingt ou trente maisons se penchent sur la rive droite du Gave. Parmi elles sont quelques beaux hôtels et l'établissement thermal d'un aspect beaucoup plus monumental que celui des *Eaux-Bonnes*. Nous nous arrêtâmes à l'*Hôtel de France;* nous mîmes pied à terre et nous allâmes explorer les promenades creusées, à force de travail et d'art, au sein de ces roches énormes.

Au delà du village est la *Promenade d'Henri IV*, où de beaux arbres abritent des bancs. Plus loin, sur le plateau d'une colline verdoyante qui forme la base de la montagne, circule la *Promenade de Minville;* une fontaine qui jaillit du roc murmure sur des pelouses ombragées. Nous marchons dans un labyrinthe ombreux; c'est comme une oasis riante cachée au milieu d'ue chaos de masses granitiques. Nous franchissons un plan plus élevé de la montagne de l'autre côté du Gave, et nous suivons des sentiers s'enroulant comme de longs serpents, qui s'appellent la *Promenade d'Argout*.

De là nous dominons tout le bassin des *Eaux-Chaudes*, empreint d'une mélancolie grandiose. Un courant d'air froid siffle sur nos têtes; il descend du pic du Midi et s'engouffre dans le long canal de l'étroite vallée; son mugissement se mêle à celui du Gave : ce sont comme deux grandes voix douloureuses se répondant; comme deux sanglots pleurant sur ceux qui passent. Hors ces bruits, tout est tranquille et morne aux *Eaux-Chaudes;* ni fêtes ni cavalcades comme aux *Eaux-Bonnes;* les femmes qui viennent y boire les eaux, ou s'y baigner, n'y étalent pas de toilettes parisiennes ; il n'y a là que des malades mourants, ou ceux qui, vraiment desenchantés des choses de ce monde, n'aiment plus qu'une solitude absolue.

La route d'Espagne, qui borde la vallée, égaie pourtant un peu ce paysage mortuaire ; de temps en temps on voit défiler des mules espagnoles qui agitent leurs grelots; elles sont chargées de ballots de marchandises et enfourchées par des marchands aux costumes pittoresques qui vont et viennent d'Espagne en France et de France en Espagne ; ils chantent en éperonnant leurs montures. D'autres fois, la route est sillonnée par les troupeaux que des bergers en manteau de laine blanche conduisent sur les hauteurs où s'abritent de nourrissants pâturages. Après ces courtes excursions, nous nous hâtâmes de regagner l'hôtel, où nous trouvâmes devant la porte des ânes robustes pour les plus timides d'entre nous et de petits chevaux basques pour les plus hardis. Nous partîmes pour aller visiter la *Grotte des Eaux-Chaudes;* un guide portant des torches et une grosse clef nous précédait. Sur la montagne qui forme le rempart oriental de la vallée se dessine un sentier grimpant au travers de pentes raides mais accessibles ; nous rencontrions, çà et là, quelques bouquets d'arbres et des touffes d'arbustes ou de plantes.

A mesure que nous montions, l'air devenait plus vif ; nous nous étions tous munis de chauds manteaux de voyage dont nous dûmes nous envelopper ; après trois quarts d'heure de marche, l'approche de la grotte nous fut révélée par le bruit d'un torrent s'échappant de la grotte même et qui retombe en cascade bruyante. Nous entrâmes par une porte creusée dans le roc et sur le seuil de laquelle le guide alluma des torches et des flambeaux ; la grotte s'éclaira de lueurs fantastiques, et nous y pénétrâmes en côtoyant les bords du torrent ; nous eûmes alors devant nous un merveilleux spectacle : les lueurs projetées sur la voûte et sur les parois de cette grotte immense en détachèrent en saillie les colonnes et les arceaux qui se déroulaient devant nous. On se fût cru dans une crypte du moyen âge ; le bruit de la chute d'eau ressemblait au gémissement de l'orgue. Tandis que nous avancions, la grotte s'élargissait, et les jets de lumière que nous y répandions changeaient les stalactites humides en autant de girandoles aux feux de couleurs. Le froid pénétrant que l'eau toujours jaillissante répand dans cette enceinte ne permet pas de s'y arrêter longtemps. Nous en sortîmes tout frissonnants, et l'air du dehors nous parut brûlant.

De retour aux *Eaux-Chaudes*, nous remontâmes bien vite en voiture pour arriver avant la nuit à la *Vallée de Gabas*. Nous traversâmes le *pont d'Enfer* jeté sur le Gave aux rives sinistres ; là, les ondes tumultueuses ont des mugissements plus formidables ; on dirait l'embouchure du fabuleux Achéron. Nous étions toujours emprisonnés entre deux hautes chaînes de montagnes dont l'aspect variait à mesure que nous avancions ; elles formaient d'abord des gradins escarpés étalant leurs roches nues ; plus loin, elles se dressaient en terrasses supportées par des assises de granit et toutes revêtues de draperies de verdure ; c'étaient ensuite des masses informes que le froid et la foudre semblaient avoir dénudées ; à ces roches pelées en succédaient d'autres couvertes de forêts de hauts sapins dont les têtes noires se découpent sur la transparence de l'air ; les plus vieux sont tombés aux pieds des autres, abattus par la main du temps ou l'emportement de l'avalanche ; ces bois sombres sont zébrés de grandes lignes d'argent, formées par de petits torrents écumeux qui bondissent des hauteurs jusqu'à la base de la montagne. C'est là une partie des Pyrénées vraiment sublime.

Nous voici arrivés au petit hameau de Gabas,

composé de cinq à six maisons bâties sur le bord de la route ; plus haut sont deux auberges et un bureau de douane française. La vallée des *Eaux-Chaudes* se partage ici en deux gorges : l'une s'ouvre à droite et mène au *Pic du Midi;* elle suit d'abord de vertes collines où les pins s'échelonnent ; l'autre gorge, aux roches plus nues, va directement en Espagne ; je m'élançais en pensée sur ces routes diverses: toutes deux me sollicitaient et m'appelaient ; j'aurais voulu aller au moins jusqu'au pied de ce terrible *Pic du Midi* dont le jeune duc de Montpensier fit l'ascension en 1840 et qu'aucune femme n'a jamais pu gravir. Du côté de l'Espagne, j'aurais voulu parvenir jusqu'à ce fort merveilleux d'Urdoa, perché sur la cime des monts les plus escarpés de la vallée d'Aspe, et dont les tourelles, les créneaux et les machicoulis semblent taillés à même le roc. Ce fort a une garnison française, et dans l'ouverture de ses meurtrières tournées vers l'Espagne sont braqués des canons chargés.

Tandis que je caressais du regard ces deux routes béantes qui semblaient me dire : *Tu n'iras pas plus loin !* mes compagnons de route s'étaient fait apporter des fruits et du vin de Malaga au bord du petit torrent qui changeait en presqu'île une des auberges de la route. Cette auberge était tenue par une grande et grosse paysanne béarnaise dont la stature me frappa d'autant plus que presque toutes les femmes basques sont petites et mignonnes. Mais cette femme appartenait à une autre génération. Elle avait quatre-vingt-dix ans ; son œil était resté vif, à peine si son front s'était ridé sous ses épais cheveux blancs enveloppés du capulet rouge ; quand elle riait, elle montrait toutes ses dentes jaunies, allongées, mais entières; elle avait vu passer bien de *gros personnages*, disait-elle. Du plus grand nombre, elle avait oublié le nom, mais elle se souvenait, comme si c'était hier, de Bernadotte qui, assurait-on, était devenu roi ; — de la fille de Marie-Antoinette, au visage triste et sévère, qui semblait n'avoir jamais ri ; — du petit duc de Montpensier, un beau gars, ma foi ! — de Rachel, qui lui donna un louis double ! — Et elle ajoutait, comme pour nous encourager à la bien payer, qu'elle se souviendrait aussi de nous !

Le soleil se couchait sur les plus hauts sommets qu'il empourprait de teintes magnifiques ; la nuit vient vite dans ces gorges de montagnes. Nous remontâmes en voiture et regagnâmes les *Eaux-Chaudes*. A mesure que nous avancions du défilé sombre le vent s'y engouffrait glacial ; je m'enveloppai dans mon manteau ; je me blottis au fond de la calèche, et tandis qu'on causait autour de moi, je pensais aux excursions que je pourrais faire seule les jours suivants. Arrivés aux *Eaux-Chaudes*, nous changeâmes de chevaux et franchîmes à toutes brides la distance qui nous séparait des *Eaux-Bonnes*.

Je dormis d'un long somme après cette journée de fatigue, ce qui me fit obtenir du docteur l'autorisation de continuer mes promenades.

J'aurais voulu comme au temps déjà lointain de l'adolescence, lorsque je franchissais au galop le bois ombreux et séculaire de la Sainte-Baume, m'élancer sur un bon petit cheval basque et suivre dans ses excursions hardies et pittoresques la princesse Vogoridès ; mais c'était bien impossible ; les forces du corps ne secondaient pas l'élan de l'esprit ; je devais me contenter de l'âne paresseux et parcourir lentement dans une journée l'espace que d'autres traversaient au vol en quelques heures.

J'ai dit en décrivant les promenades *Grammont* et *Jacqueminot*, mon désir très-vif de visiter jusqu'au sommet les belles forêts du mont Gourzy.

Un matin je me fis amener un âne sur le petit monticule où s'élève l'établissement thermal, je demandai une chaise pour n'avoir pas à m'élancer sur ma monture ; je croyais que le guide tenait cette chaise d'une main ferme sur les inégalités du roc ; mais comme j'y mettais le pied le guide lâcha la chaise et je fus lancée sur les pierres tranchantes. J'eus une sensation horrible; il me sembla que mes entrailles sortaient et que ma vie s'échappait avec elles. Puis je n'eus plus aucune perception de ce que je devenais et de ce qui m'entourait; j'étais tombée dans une syncope complète. Quand je revins à moi j'avais une blessure profonde à l'aine et d'affreuses meurtrissures noires. Les compresses froides dont on m'avait enveloppée me rendirent ma toux ; tout mon mal semblait revenu; je retombai dans les langueurs funèbres des premiers jours, plus douloureuses et moins résignées.

L'intérêt empressé de la petite population des Eaux-Bonnes et de tous les étrangers distingués qui y restaient encore, s'attacha à ma souffrance, et à chaque pas que je faisais en me trainant dans la campagne quelque bonne parole venait à moi; je reçus les soins les plus assidus de l'excellent docteur Briau, de M. Liouville et de M. Jules Joannet, ancien élève de l'École polytechnique et professeur à l'École navale de Brest. Ce dernier me distrayait durant mes heures d'inaction par ses attrayantes causeries. Mais chaque jour la vallée des Eaux-Bonnes se dépeuplait; tous les buveurs d'eau étaient partis ; je restais une des dernières. Je comptais les jours, je me demandais avec anxiété quand je pourrais supporter la voiture. La nature bienfaisante me vint en aide; le temps qui avait été presque froid dans les derniers jours d'août, devint chaud et radieux durant la première quinzaine de septembre. Je passais les journées étendue au soleil sur un lit de bruyères roses ou de buis; les effluves de chaleur qui émanaient des bois et des ravins murmurants étaient pour moi comme un bain salutaire qui rendait l'élasticité à mon corps brisé. Lasse de l'immobilité où mes jours s'écoulaient, je résolus d'essayer mes forces et de partir pour Bayonne.

Il était quatre heures du matin, l'aube naissante enveloppait les Eaux-bonnes d'une blancheur nacrée; des maisons endormies au pied des monts ne s'échappait pas une voix; c'était le calme et la sérénité de nos beaux cimetières parisiens. Après avoir embrassé la jeune et jolie Amélie, une petite servante béarnaise qui m'avait soignée durant mon séjour aux Eaux, je montai dans le coupé de la diligence; le conducteur fit claquer son fouet, et les chevaux descendirent au galop la grande route des *Eaux-Bonnes*.

Le jour se levait rose et chaud sur les montagnes qui ressemblaient à de grosses masses d'albâtre; des lueurs douces enveloppaient la terre, dont le soleil en montant à l'orient éclaira par dégrés les plans variés. Quand nous traversâmes Laruns et Bielle, le paysage était encore couvert d'une teinte indécise ; il s'éclaira bientôt et tout sembla reprendre la vie et le mouvement sous l'influence de la lumière. Dans les villages où nous passions, les animaux domestiques faisaient entendre leurs voix mêlées, parmi lesquelles le coq jetait des notes claires. C'était un dimanche ; déjà les paysannes et les paysans béarnais, vêtus du costume national, apparaissaient sur le seuil des portes ; ils se rendaient à la messe matinale ; d'autres descendaient des montagnes et se détachaient pittoresquement devant nous sur les hauteurs.

Nous entrâmes dans la *Vallée d'Ossau*, et je pus admirer de plus près cette admirable chaîne de montagnes que domine le Pic du Midi ; il se dressait dans le ciel, baigné par les teintes roses du matin. Sur les monts moins élevés, et que nous rasions de plus près, nous distinguions des champs cultivés, des prairies d'un vert printanier et çà et là quelques petits villages ; dans les parties plus planes de la vallée s'élevaient des bourgs plus considérables avec leurs blanches maisons et leur église à clocher pointu.

J'embrassais avec ravissement l'ensemble de cette vallée célèbre que nous traversions à vol d'oiseau ou, pour parler plus juste, au galop d'une diligence ; bientôt les hautes montagnes disparurent derrière nous, mais nous en saisîmes longtemps encore la grande silhouette qui se détachait très-nettement dans l'air. La température était d'une tiédeur sicilienne; je souffrais très-peu et je m'oubliais d'ailleurs dans la contemplation de la nature. Arrivée à Oléron, où nous changeâmes de chevaux, je m'aperçus que ma blessure s'était rouverte, et j'eus grand peine à descendre de voiture.

Par un de ces hasards, qui deviennent un vrai bonheur en voyage, j'avais pour compagne de route une femme parisienne du même monde que moi, aimant les arts et la littérature, et qui me combla des meilleurs soins; son mari était en troisième dans le coupé; mais, pour nous laisser plus à l'aise, il monta sur l'impériale à côté du conducteur.

Oléron me parut une petite ville ancienne et pittoresque; elle est entourée de remparts et de fossés regorgeant de végétation d'un très-heureux effet. On rêve là quelque scène du moyen-âge. Nous déjeunâmes rapidement et nous sortîmes d'Oléron au galop de quatre chevaux aiguillonnés par le feu de l'avoine qu'ils avaient mangée.

Après Oléron, la campagne est parfaitement cultivée; on devine l'aisance et même la richesse dans ces champs fertiles; plus de landes, plus de ravins stériles, mais aussi plus de ces accidents de terrain magnifiques, plus de ces gorges sauvages, plus de ces monts majestueux qui composent dans les Pyrénées de si sublimes paysages. Hélas! ces chères Pyrénées, auxquelles je m'étais attachée comme je le fais à tout ce qui m'émeut par une grandeur quelconque, s'étaient perdues dans le lointain ; je me demandais quand je pourrais contempler encore leurs cimes disparues !

Le sol qui se déroulait devant moi me paraissait d'une ennuyeuse monotonie ; il était pourtant montueux et accidenté, mais qu'était-ce auprès de la beauté des grands paysages évanouis? Nous traversâmes un village très-riant dont le nom m'échappe ; sur une belle promenade ombragée de platanes, des paysans en jaquette et en béret de laine bleue jouaient aux boules ; un groupe de jeunes filles endimanchées les regardaient, curieuses, appuyées aux troncs des arbres. Sur le seuil des maisons, quelques femmes assises allaitaient des enfants ou gourmandaient leurs cris tout en les enroulant dans ces longues sangles qui font penser aux bandelettes dont on enveloppait les momies d'Égypte.

Nous entendions un chant d'église triste comme un *Miserere*, la cloche tintait dans l'air ; quand la diligence déboucha sur la petite place où était l'église qu'entourait un étroit cimetière couvert de hautes herbes, nous vîmes sur les tombes quelques vieilles femmes agenouillées ; elles répétaient un psaume entonné par un vieux prêtre en surplis blanc qui bénissait une bière. Je vois encore les profils ternes de tous ces pauvres vieux visages bistrés se détachant sur le mur gris de la petite église gothique. Quel affaissement dans toutes ces physionomies ! c'était comme la pétrification d'une détresse native.

Nous arrivâmes bientôt sur une hauteur où le paysage se développait dans un horizon immense. A notre gauche était le bourg de Bidache dont toutes les terres environnantes formaient autrefois la principauté de Bidache, appartenant aux anciens ducs de Grammont ; à droite une colline boisée servait de base aux magnifiques débris du château suzerain. J'ai peu vu de ruines d'un aspect plus grandiose ; des draperies de lierre se suspendent aux arceaux, aux portes, aux fenêtres béantes où, par un effet merveilleux, s'engouffrait en ce moment la lumière du soleil ; on eût dit une illumination soudaine faite à souhait pour le plaisir des yeux. Nous fîmes arrêter un instant la diligence afin de mieux voir ce tableau magique ; j'en ai conservé un souvenir si vif que je pourrais en dessiner tous les détails.

Nous rencontrâmes encore quelques villages et quelques châteaux pittoresques ; mais insensiblement le sol prit une teinte uniforme : ce n'étaient plus que landes et monticules entièrement revêtus de fougères ; la route poudreuse et blanche tranchait sur cette immense couverture verte déroulée à perte de vue. Tout en causant de Paris et des Pyrénées, que nous venions de quitter, avec ma compagne de route, nous ne pouvions nous empêcher de répéter de temps en temps en regardant l'étendue monotone : Encore, encore, des fougères ! La plante dentelée envahissait la route et souvent montait touffue jusqu'à la portière de la voiture. Le ciel était d'une extrême limpidité, aucunes masses de nuages ou de montagnes ne le coupaient. C'en est donc fait, pensai-je, je n'entreverrai plus ces monts gigantesques qui séparent la France de l'Espagne ! Mais tout à coup du sommet d'un tertre, aussi tapissé de fougères, et sur lequel la route passait, nous aperçûmes au loin, au sud-ouest, comme une chaîne de rochers qu'illuminait l'incendie sublime d'un soleil ardent. Étaient-ce de véritables rochers ou seulement des bancs de nuages amoncelés à l'horizon ? Nous doutâmes un instant ; mais bientôt la chaîne lumineuse se dessina plus nette et plus en relief, la flamme du ciel caressait ses contours sans s'y confondre. C'était bien certain, nous avions devant nous la chaîne occidentale des Pyrénées, dominée par les deux pointes aiguës du pic de la Rhune que couronnaient en cet instant deux diadèmes de lumière. Quel fond de tableau à Bayonne [1], la ville frontière, la ville forte et riante dont nous approchions !

Les éternels champs de fougères avaient cessé ; des terres cultivées, de jolies maisons de campagne, de belles avenues annonçaient la capitale du pays basque si pimpante et si gaie ; bientôt elle nous apparut avec sa première ceinture de grands arbres et sa majestueuse cathédrale gothique qui se détachaient sur le ciel. Nous franchîmes l'enceinte de remparts, de bastions, de fossés et le pont-levis d'une des portes voûtées ; à ce pont pendent de lourdes chaînes d'un

---

1. C'est Bayonne qui a donné son nom à la baïonnette, cette arme invaincue de la France que les zouaves viennent d'immortaliser à jamais dans la campagne d'Italie. La baïonnette fut inventée en 1641 dans un engagement entre des paysans basques et des contrebandiers. Après avoir épuisé leurs munitions, les Basques imaginèrent d'attacher leurs couteaux au bout de leurs mousquets et ils repoussèrent ainsi leurs adversaires.

Cette application spontanée d'une arme encore informe changea entièrement le système de l'art militaire en Europe. La baïonnette fut pour la première fois mise en usage, en France, au régiment des fusiliers du roi, en 1670 ; en 1674 et 1675, d'autres régiments d'infanterie en furent pourvus ; les dragons la reçurent en 1676, les grenadiers en 1678. A cette époque la baïonnette entrait dans le canon. La douille, qui en rend la manœuvre si facile, date de 1688.

fer poli comme de l'acier ; des groupes de soldats en uniforme et l'arme au bras apparaissent en relief sur le fond gris des pierres. Nous voilà dans une place d'armes ; mais tout chante et tout rit autour de nous, et l'on sent bien que la guerre et ses horreurs ne menacent pas ces fortifications formidables.

Après les avoir passées, la ville apparaît gracieuse comme une nymphe qui sort des eaux, au bord de ce beau fleuve, sillonné de navires et qui va se jeter à la mer à quelques lieues de là. *La Porte de France*, une sorte d'arc monumental soutenu par quatre colonnes, est la principale entrée de Bayonne. Cette porte s'élève au débouché du pont qui relie la petite ville de Saint-Esprit à Bayonne ; des corps-de-garde, crénelés dans le même style que les fortifications, défendent l'entrée de pont. Saint-Esprit est, pour ainsi dire, le faubourg de Bayonne ; c'est une ancienne colonie juive d'origine espagnole. En 1495, un édit de Ferdinand et d'Isabelle expulsa les Juifs de l'Espagne entière ; ils se réfugièrent alors en Portugal, mais, contraints bientôt de s'en éloigner, ils passèrent les Pyrénées vers l'année 1500. A peine les toléra-t-on sur le territoire français, où ces débris d'une grande race traînèrent, comme sur toute la terre, une vie d'humiliations et de sacrifices. Parqués dans le voisinage de Bayonne, ils ne pouvaient pénétrer dans la ville une fois le soleil couché, et, ainsi que l'avait décidé le concile d'Arles, ils portaient, comme signe d'infamie, une roue de drap jaune sur leur habit et une corne à leur bonnet. Il leur fut défendu d'établir des comptoirs et des boutiques à Bayonne d'où on les pourchassait à coups de pierre. Leur industrie et leur persistance triomphèrent de toutes les entraves ; peu à peu ils élevèrent leur petite cité et s'y enrichirent de génération en génération. Aujourd'hui, le bourg juif de Saint-Esprit est animé et bruyant, et ne s'humilie plus devant la ville dominatrice. Cependant des antipathies de race subsistent encore, mais sans querelles, et surtout, Dieu merci! sans persécution. La nouvelle synagogue de Saint-Esprit, un monument d'assez mauvais goût, est adossée à la gare du chemin de fer. Le chemin de fer est le symbole du mélange de toutes les nationalités et de toutes les croyances !

Autrefois, c'était un pont de bateaux qui reliait le bourg de Saint-Esprit à Bayonne ; ce pont flottant ondulait, se balançait et parfois même avait des bonds effrayants lorsque la mer houleuse venait grossir le fleuve à la marée montante, ou bien lorsque le fleuve lui-même, grossi par ses nombreux affluents, se précipitait, à la fonte des neiges, vers son embouchure. Sur la longueur de cette route mouvante, qui craquait et gémissait sans cesse, s'étendaient trois rangs de fortes solives formant trois routes distinctes ; celles du milieu divisée en deux pour l'aller et le retour des montures et des attelages et celle de chaque côté pour les piétons. Le mouvement qui régnait sur ce pont primitif était inouï, c'était comme une veine énorme d'où s'échappait la vie joyeuse et affairée du peuple basque. Les fumeurs s'y promenaient, les porteurs d'eau s'y précipitaient à la file allant à Saint-Esprit puiser l'eau d'une fontaine renommée ; des bandes de Juifs accouraient à Bayonne à l'heure de la Bourse ; des réfugiés espagnols passaient gravement enveloppés dans leurs manteaux sombres ; puis, venaient des Basques dans leurs costumes pittoresques, des jeunes filles agaçantes vêtues à la béarnaise, et d'autres portant sur leurs noirs cheveux le fichu coquettement noué vers l'oreille. En quelques heures, sur ce vieux pont, trop étroit pour le mouvement des deux villes, défilaient tous les types de cette population mêlée des frontières de France et d'Espagne.

On se prend à regretter ce pont si pittoresque, comme quelques Parisiens regrettent encore la vieille galerie de bois du Palais-Royal.

Aujourd'hui le large pont de pierre est moins encombré. Après avoir franchi la porte de France qui le domine du côté de Bayonne, on laisse à gauche la ville vieille, d'où descend la Nive, rivière qui se jette dans l'Adour, près du pont Majon. Là est le port où sont amarrés, sur trois ou quatre de front, les lougres, les biscayennes, les polacres, les flambarts, les chasse-marée, les bricks, les goëlettes et les trois-mâts du commerce bayonnais et de tout le golfe de Gascogne. Rien ne me plonge dans une rêverie agitée comme un amas de vaisseaux : les uns arrivent, les autres partent. Je voudrais connaître les aventures de ceux qui reviennent et m'élancer avec les autres vers les pays lointains. J'aime à causer avec les matelots, voire avec les mousses, et à ressaisir leurs pérégrinations dans les lambeaux de leurs souvenirs.

La file des navires s'étend sur l'Adour, élargi par la Nive, le long du *Quai de la Douane*, de la grille de la *Place d'Armes* et d'une partie des belles *allées marines* dont je reparlerai. De ce côté est la ville neuve avec ses monuments entourés de galeries en arceaux : le théâtre, l'hôtel de la Douane et la sous-préfecture se trouvent là réunis; puis vient la place Grammont (le nom des Grammont est partout dans le Béarn). C'est sur cette place et sur la *Place d'Armes*, entourées de cafés où l'on boit, où l'on chante, que se pressent le dimanche les promeneurs bayonnais.

Au moment de notre arrivée tout est en fête sur ces deux places, la musique de plusieurs régiments exécute des symphonies; les officiers de la garnison et les bourgeois de la ville se promènent donnant le bras à des femmes élégantes. Les Espagnols et les Basques passent dans leurs costumes nationaux; de beaux enfants s'ébattent en riant; les grisettes pimpantes s'avancent par groupes avec leur robe de couleur claire, leur petit fichu en soie ou en dentelle croisé sur le sein et leur coiffure provoquante et coquette qui se compose d'un autre fichu rose, bleu ou pourpre formant une sorte de petite calotte plissée qui recouvre à peine le chignon et dont les deux bouts noués flottent sur l'oreille gauche; les courts cheveux frisés de la nuque sont à découvert; le cou s'élance tantôt comme une colonne d'albâtre, tantôt comme une colonne de bronze florentin agitant les pendeloques d'or ou les poires de corail espagnol. Elles rient aux éclats, les jolies grisettes! les unes pour montrer leurs dents perlées, les autres sans songer à rien qu'a épancher leur gaité naturelle. Du reste, dans cette belle ville méridionale la gaité est dans l'air, dans le ciel bleu et chaud, dans les navires pavoisés; dans les chants et les danses castillanes qui se forment le soir; dans la bonne humeur des habitants, dans les cris des enfants, enfin dans toute l'exubérance de vie qui se répand au dehors.

Nous tournons à gauche de la *Place d'Armes* et nous arrivons dans la *rue du Gouvernement*; c'est une voie très-large bordée d'arbres où se trouvent les voitures pour l'Espagne et les omnibus pour Biarritz; mais avant de me rendre à la mer dont l'attraction est si puissante pour moi, qui

> Ainsi qu'un Alcyon le jour où je suis née
> Embrassai du regard la Méditerranée,

je veux visiter la cathédrale et parcourir les *allées marines*. — Vue à distance, la cathédrale paraît merveilleusement conservée; mais à mesure qu'on s'en approche, on découvre les dégradations qu'a subies ce magnifique monument du treizième siècle.

Un riche habitant de Bayonne a légué en mourant une rente de 40,000 francs pour la restauration de cette belle église. Jusqu'ici rien n'a été fait : l'incurie méridionale persiste; des échoppes de cordonniers et de marchands de vin sont toujours adossées aux murs. Le cloître est un des plus vastes et des plus précieusement sculptés que j'aie jamais vus; mais toutes ces belles fleurs gothiques qui sortent des chapiteaux et des ogives sont ébréchées. Le clocher est resté inachevé, il est lourd et trapu ; je monte au haut de la galerie qui le domine, et une vue admirable s'étend autour de moi : au midi, c'est la chaîne occidentale des Pyrénées d'où s'élance dans le ciel bleu le pic de la Rhune ; la route d'Espagne, qui se fend bientôt en deux branches, dont une, la route de Biarritz, se déroule dans la même direction ; à l'orient circule au sein de la campagne basque le double cours de la Nive et de l'Adour qui viennent mêler leurs eaux sous les murs de Bayonne ; à l'occident, les longues *Allées marines* se déploient dans le sens de l'embouchure du fleuve ; on découvre au loin les dunes de la mer ; le phare, du côté de Biarritz, les toits du village de Boucan, où les navires qui partent de Bayonne vont attendre que le vent leur soit favorable et que la fameuse *barre* du golfe de Gascogne leur livre passage. C'est au village de Boucan que commencent les merveilleuses jetées qui conduisent l'Adour à la mer. Ces travaux gigantesques furent commencés au seizième siècle ; Vauban les continua et l'on y a travaillé jusqu'à nos jours ; mais quoiqu'on ait pu faire on n'est point parvenu à maîtriser cette *barre* redoutable que forment à l'embouchure de l'Adour les montagnes de sable amoncelées par l'Océan.

Le cours précipité du fleuve ne peut franchir cette

frontière qui le défie ; grossi par les pluies et par la fonte des neiges, et poussé par le vent de terre, il déplace parfois les masses formidables qui obstruent son passage, mais la mer les ramène quelques heures après. Le flux monte, la raffale souffle du large, les flots déferlent sur la *barre* avec une fureur retentissante. On ne distingue plus le fleuve de la mer ; c'est un soulèvement et un chaos de sable écumant et liquide, où les galets sous-marins sont lancés par la tempête jusqu'à la crête des flots. Alors nul effort humain ne saurait surmonter l'obstacle, et nul vaisseau ne pourrait tenter d'arriver à l'Océan sans être mis en pièces.

Lorsque la mer a été calme durant plusieurs jours et que le cours du fleuve a pu creuser un passage où ses eaux s'écoulent, les vigies font des signaux pour avertir les navires dans l'attente. Ceux-ci accourent rapidement se grouper auprès de la barre ; un canot part du rivage de Boucan, conduit par huit rameurs à chemises rouges ; il s'arrête sur la passe même, et un homme en uniforme, assis au gouvernail, s'assure de l'état de la passe et en mesure la profondeur. Après quoi il jette l'ancre à l'une des extrémités et arbore un pavillon rouge. Aussitôt le remorqueur, dont la force est de cent vingt chevaux, s'avance, conduisant à la file deux ou trois navires ; d'autres suivent, guidés par les lamaneurs de Boucan, puis d'autres s'abandonnent au hasard.

Le premier navire s'approche de la barre; il s'élève, plonge, s'arrête un instant, s'élance et passe au delà; la barre est franchie; les remorqueurs quittent le navire qui déploie ses voiles et gagne le large. Tous les vaisseaux grands et petits le suivent aux acclamations de la foule qui se presse sur les deux rives.

Il y a bientôt un demi-siècle qu'un homme, qui n'était pas le chef du pilotage, monta dans le canot des lamaneurs et voulut sonder lui-même la profondeur de la passe; la barre grondait avec furie, mais cet homme semblait défier les éléments. Au large sur les flots bleus de la mer se dessinait la frégate la *Comète;* l'homme qui venait de sonder la passe ne lui avait trouvé que quinze pieds et demi; tous les pilotes et tous les officiers de marine furent d'avis que la frégate ne pourrait passer.

— Elle passera! s'écria celui dont la volonté semblait en cet instant commander aux hommes et aux flots.

Et il ordonna le signal.

Aussitôt la *Comète* accourut. Elle subit un choc terrible, une partie de son équipage fut renversée; mais, la passe franchie, elle remonta triomphalement l'Adour, portant, debout sur son pont, l'aventureux pilote, qui était Napoléon.

Tandis que j'évoquais ce souvenir du haut du clocher de la cathédrale de Bayonne, le soleil commençait à décliner au couchant, rougissant de sa pourpre la cime des vieux ormes des *Allées marines*, et jetant ses chaudes lueurs sur le rivage de la mer, qui se confondait en cet instant aux dernières limites de l'horizon. Je me hâtai de redescendre, car je voulais être rendue à Biarritz avant la nuit. Pendant qu'on disposait dans la *rue du Gouvernement* la voiture qui devait me conduire, je retraversai la place d'Armes, je passai sous la voûte d'une porte à bastions, et je me trouvai au bord de l'Adour. Le fleuve coulait à ma droite; à ma gauche était un quinconce formé par de grands arbres, au milieu duquel s'élevait un arc-de-triomphe en feuillage, pavoisé de drapeaux; cet arc avait été dressé quelques jours auparavant pour le passage de l'Empereur et de l'Impératrice; en face de moi se déroulaient avec leur triple ligne d'arbres centenaires les sombres *Allées marines*. Je me plongeai quelques instants sous leurs longs arceaux; j'aurais voulu aller jusqu'à la mer en suivant cette route magnifique; mais la mer m'attendait aussi à Biarritz, et j'y étais attendue. Je regagnai la voiture, le cocher fouetta ses chevaux, et après avoir franchi la citadelle et les talus, nous nous précipitâmes au galop sur la belle route d'Espagne.

Elle est large et royale, cette route mémorable où tant de souverains et de héros ont passé, sans compter les femmes que le trône ou l'amour ont rendues célèbres. Elle a été parcourue par Louis XI couvert de ses habits sombres qu'ornaient des médailles de plomb : les brillants seigneurs espagnols riaient de ces vêtements, sans se douter qu'un grand politique se cachait sous cette enveloppe bourgeoise; elle a vu accourir la *Marguerite des Marguerites* qui allait visiter son bien-aimé frère François Ier prisonnier à Madrid; elle a vu revenir ce roi délivré et le suivre bientôt après la reine Eléonore de Portugal qui devint sa femme. Charle IX et Catherine de Médicis passèrent par là pour aller concerter avec la reine Élisabeth d'Espagne le massacre de la Saint-Barthélemy; souvenir plus riant, c'est par cette même route qu'Henri IV se rendait auprès de la belle Corysandre, femme du comte de Grammont! Mazarin la parcourut jusqu'à l'île des Faisans où il négocia la paix avec don Louis de Haro; Louis XIV la suivit un an après pour aller célébrer son mariage avec Marie-Thérèse. Elle vit venir plus tard Phillippe V envoyé par la France pour recueillir l'héritage de Charles III, puis un jour Napoléon qui allait recevoir la couronne de l'idiot

Charles IV, des mains hardies du prince de la Paix.

Que de royales fiancées partirent de France ou y arrivèrent par cette route historique! Ce fut autrefois Rigunthe, fille de Frédégonde, qui devint reine des Visigoths; puis Blanche de Castille, mère de saint Louis; puis Blanche de France, que Pierre le Cruel fit étouffer entre deux matelas; puis cette touchante héroïne de Schiller, Élisabeth, fille de Catherine de Médicis, fiancée d'abord à don Carlos, et qui devint femme de son père, le sombre Philippe II; puis Anne d'Autriche, mère de Louis XIV, et Marie-Thérèse, qui fut sa femme; puis, de nos jours, la jeune infante, sœur de la reine d'Espagne, qui épousa le duc de Montpensier.

Que de capitaines, que de héros ont encombré de leurs soldats cette route fameuse! Depuis Roland, le preux de Charlemagne « si beau à voir dans sa brillante armure, sur Vaillantif, son beau coursier dont les rênes d'or lui battent dans la main tandis qu'à son épieu, qu'il porte au poing dressé vers le ciel, flotte un gonfanon blanc [1]. »

Vinrent ensuite Bertrand Duguesclin et ses compagnies blanches; le Prince Noir menant les bandes

---

[1]. *Chanson de Roland.*

anglaises ; le bâtard Dunois et les lances de Charles VII, puis Bassompierre, puis le beau Murat, Junot, Moncey, Soult et Wellington, puis, antithèse des héros de l'Empire, le duc d'Angoulême escorté de soldats railleurs.

Tandis que ces fantômes se dressent autour de moi, la voiture court rapide sur cette route plane qui traverse la vallée de l'Adour ; derrière deux rideaux de peupliers, j'entrevois, de chaque côté, de riantes métairies, de belles villas et de vastes jardins ; bientôt, vers la moitié de notre course, nous laissons à droite la route d'Espagne, et nous entrons dans celle de Biarritz ; ici, plus de vertes cultures, plus de maisons de campagne, plus de parterres fleuris : on sent l'approche de la mer qui répand dans l'air des saveurs marines ; le crépuscule étend ses pâles lueurs, et le phare allumé devant nous annonce le rivage voisin. Le chemin que nous suivons est large et ferme ; mais il y a trente ans que ce n'était qu'un sentier à peine frayé dans le sable et où nulle voiture suspendue ne se serait aventurée. En ce temps, quelques curieux et quelques rares baigneurs seulement allaient voir la lame se briser sur le roc de Biarritz.

Biarritz est un vieux village qui date du xie siècle ; des harponneurs basques poursuivirent des baleines dans le golfe de Gascogne. Autour du vieux port de Biarritz étaient alors de vastes hangars où s'entassaient les tonnes d'huile, les fanons et tous les produits de la grande pêche. Biarritz était riche et payait une dîme à l'évêché de Bayonne ; mais un jour les baleines, incessamment pourchassées, émigrèrent vers le Nord ; insensiblement la pêche cessa.

Un château du XIIIe siècle, flanqué de tours, dominait le port et le défendait. Il n'en reste aujourd'hui que quelques vestiges ; la mer détruisit le vieux port abandonné. Biarritz ne fut plus qu'un misérable hameau habité par quelques pauvres familles ; au lieu de nombreuses galères couvertes de rameurs, qui servaient à la pêche des baleines, on ne vit plus sur le rivage que cinq à six petites barques ; une baraque en bois où l'on vendait de la bière offrait l'hospitalité aux baigneurs.

Mais tout à coup la mode des bains de mer ranima Biarritz ; d'abord de jolies maisons se dressèrent sur le rivage, puis des villas, puis de vastes auberges, des bazars, des cafés, un immense casino avec terrasse dominant la mer ; des salles de concert et de spectacle, puis sur la plage la riante construction à minarets indous où les baigneuses font leur toilette. A quelque distance est le petit pavillon de bain de l'Impératrice, et plus loin la calme *villa Eugénie*, cet Osborne français.

Toutes les fenêtres de la *villa Eugénie* étaient éclairées et rayonnaient sur le fond du ciel et de la mer quand la voiture qui me conduisait tourna au bord de la grille impériale qui s'avance jusqu'à la route.

C'est l'heure de la promenade du soir; une foule d'équipages se croisent sur ce chemin de sable qui domine la mer. Dans une calèche découverte passent le comte et la comtesse de Morny; dans une autre, l'ambassadeur de Prusse et sa fille; dans une troisième, le comte Walewski, sa femme et leurs enfants; dans une quatrième, les princesses Vogoridès et Galitzine. Ces dames sont parées comme pour une promenade au bois de Boulogne; seulement elles portent toutes le charmant chapeau si seyant aux ailes retroussées du règne de Louis XIII. Sur ces chapeaux en paille d'Italie ou en paille anglaise bordés de velours noir ou de couleur, flottent de longues plumes que la brise de la mer fait onduler en tous sens. A mesure que j'approche, la petite cité m'apparaît toute illuminée, joyeuse et bruyante; ma voiture s'arrête devant l'*Hôtel de France*; sur l'étroite place où il est situé se presse une foule compacte riant, criant, gesticulant, chantant et gambadant; ce sont des boutiques, en plein vent, de jouets d'enfants, de macarons, de chocolat et d'autes friandises; des baraques où l'on tire des loteries; des danseurs basques et espagnols; des Africains d'Alger brûlant des pastilles du sérail; des chanteurs, des joueurs d'orgues et de vieilles; et le croisement des idiomes mêlés du Midi avec les sons tantôt aigres et tantôt graves; enfin comme fond de tableau à tous ces bruits, à tout ce mouvement, le grand bruit et l'incommensurable agitation de la mer. On dirait la belle scène vivante du premier acte de la *Muette de Portici.*

Heurtée et assourdie, je traverse à grand'peine la cour de l'*Hôtel de France* encombré de voyageurs. On ne peut me donner une chambre pour la nuit, mais l'hôtesse m'en promet une pour le lendemain, et, en attendant, elle me case dans une maison en face dont les fenêtres s'ouvrent sur la mer. A peine assise, j'oublie ma fatigue pour contempler ce spectacle de l'immensité des flots qui produit toujours en moi la double impression du ravissement et du vertige. La plage de Biarritz est superbe vue à cette lueur d'une chaude nuit d'été toute étoilée; les grands rochers qui se dressent ou qui se courbent au milieu des brisants ressemblent à des fantômes de géants debout et couchés qu'enveloppe comme des linceuls la blanche écume des vagues. Je reste longtemps immobile devant cette fascination de la mer; puis je m'endors doublement bercée par ses mugissements et par les rumeurs de la foule qui continue ses ébats sur la plage et dans les rues voisines.

Le lendemain c'est encore par la voix de la mer que je suis éveillée ; je me lève fort tard, car ma blessure, toujours ouverte, me fait beaucoup souffrir. A peine installée à l'hôtel de France, je reçois la visite de l'aimable princesse Vogoridès, qui me propose pour un des jours suivants, quand je serai moins lasse et que j'aurai bien vu Biarritz, une excursion à la frontière d'Espagne ; j'accepte de grand cœur et je reconduis jusqu'à la plage la princesse qui va prendre son bain.

Hélas ! il m'est interdit de me plonger dans ces vagues caressantes et tièdes où il me semble que je me serais ranimée ; ma poitrine est trop faible encore ! je pense tristement aux belles années où je me précipitais sans crainte dans les flots bleus de la Méditerranée. J'embrasse ardemment du regard cet Océan, que je ne puis étreindre en réalité. Les vagues sont toutes phosphorescentes sous les feux du soleil intense qui s'y répercute ; il fait une chaleur vraiment tropicale, le ciel est d'un bleu profond et uniforme ; j'ai devant moi la mer immense toute éclairée des plus belles lueurs ; pas une voile, pas une barque de pêcheur n'apparaissent sur son étendue ;

seulement, vers le rivage, les rochers noirs ruisselants d'écume et les têtes agitées des baigneurs et des baigneuses rompent les lignes des vagues qui se balancent. Derrière moi est la campagne aride et brûlée où quelques tamarins rabougris croissent à peine entre les belles maisons blanches qui s'étagent sur le bord de la route. J'ai à ma droite le petit pavillon chinois où l'Impératrice se réfugie après son bain; je me dirige de ce côté. L'influence de la bienfaisante chaleur se fait sentir à ma nature méridionale; je hume les émanations marines et j'y puise la force d'entreprendre ma première excursion.

En marchant toujours à droite, je fais le tour de la *villa Eugénie;* elle est bâtie sur les talus qui dominent la côte dite du *Moulin;* elle fait face à la mer à une trentaine de mètres en arrière des rochers; une élégante terrasse circulaire l'entoure; les portes fenêtres des salons de réception, situés au rez-de-chaussée, s'ouvrent sur cette terrasse. A l'étage supérieur les appartements privés ont des balcons d'où on voit se dérouler la mer déserte. Cet édifice est construit en briques rouges et pierres blanches dans le style du château de Versailles; des terrains spacieux entourent la *villa Eugénie*, mais aucune végétation n'y pousse; on n'a pas même essayé d'y faire croitre de ces pins vivaces qui ont si vite couvert les dunes d'Arcachon. Le sol nu, le ciel sans nuages et la mer sans navires lui servent de cadre. Cela a sa grandeur et son charme; après les ombrages humides de Saint-Cloud, de Fontainebleau et de Compiègne, il est bon de s'inonder sans une ombre intermédiaire de cet air brûlant et de ces masses d'eau saline où le soleil se répercute. Toutes les fenêtres de la *villa Eugénie* vues ainsi en plein midi ressemblent à des cascades de diamants. C'est d'un éblouissement à faire baisser les paupières. Le soir, l'éclairage intérieur change en lueurs pourpres les flammes cristallines et bleuâtres du jour. Tant de clartés rayonnent à toute heure sur cette résidence que quelques-uns l'ont surnommé : *Le château de lumière.*

Après avoir tourné la *villa Eugénie,* je me dirige, précédée d'un guide, à travers les sentiers difficiles qui conduisent au pied du cap Saint-Martin dont la pointe s'avance dans la mer. C'est là que se trouve la fameuse *Grotte* ou *Chambre d'amour ;* la marée montante s'y engouffre et la laisse à sec en se retirant, le travail incessant des vagues a creusé dans le roc des arches sombres et de bizarres pendentifs; la mousse marine s'empreint aux parois humides et le plancher de la *Chambre d'amour* est couvert d'un lit de galets. Durant les heures brûlantes, les pâtres basques viennent parfois s'abriter dans cette grotte avec leur troupeau.

Je fus charmée de la trouver déserte lorsque j'y arrivai; je laissai le guide à l'entrée et je m'assis dans un enfoncement d'où je voyais se dérouler la mer. Les vagues caressaient à peine le sable de la plage; le flux ne devait remonter que le soir; je pouvais donc m'oublier là de longues heures me reposant et rêvant. Je cessai de regarder l'Océan, et j'examinai la grotte; je regardai curieusement chaque anfractuosité du roc; j'aurais voulu deviner sur quelle pierre fatale et vers quel angle extrême les amants de la légende avaient expiré dans une éternelle étreinte. La tradition a transmis d'âge en âge aux populations basques cette touchante histoire; on se répète, comme si c'était hier, les noms, les amours et la mort des deux amants; mais l'époque où ils vécurent, on l'ignore. Qu'importe un siècle plus tôt ou plus tard dans la fuite interminable du temps! Ce qui touche, ce qui attire, c'est le sentiment éternellement beau et jeune de l'amour vrai. Tous deux étaient de simples enfants de la campagne; lui, Laorens, il était d'Ustaritz, là-bas au loin dans les terres, au pied de la chaîne lumineuse des Pyrénées; elle, la pauvre petite Soubade, était du village d'Anglet, qui se déroule dans la plaine derrière moi ; contrariés dans leurs amours, ils se voyaient en secret chaque jour à l'abri des rochers de la plage.

Un soir l'orage gronda, ils se réfugièrent dans la grotte ; les éclairs, le tonnerre l'illuminaient et la faisaient retentir ; ils se pressèrent presque joyeux l'un contre l'autre, se croyant à l'abri du danger ; mais la mer, poussée et soulevée par la tempête, monta plus tôt et plus furieuse que de coutume ; elle envahit la plage, escalada le roc et se précipita dans la *Chambre d'amour* ; c'est alors qu'ils durent se blottir dans le dernier renfoncement et expirer ensemble. Chaque voyageur vient là parler ou rêver d'eux. Quelques-uns les plaignent, beaucoup les envient.

Tandis que j'évoquais à mon tour la légende, une troupe de cloportes rampait jusqu'à moi et menaçait de couvrir la pierre où j'étais assise ; je secouai ma robe avec terreur et je sortis de la *Chambre d'amour*.

Au-dessus du roc qui lui sert de dôme s'élève le phare ; il est aperçu de fort loin par les pilotes qui traversent l'Océan. Du côté de la campagne, on le découvre, le soir, comme un astre suspendu entre le ciel et l'eau ; on le voit aussi des côtes de l'Espagne ; ce phare a quarante sept mètres de hauteur ; sa lanterne est à deux cents pieds du niveau de la mer. Arrivée à son sommet, j'embrasse du regard un merveilleux panorama tout éclatant d'azur et de lumière : le phare domine le centre d'une immense courbe qui s'arrondit mollement dans ce golfe tumultueux de la Gascogne.

A ma droite ce sont les rochers de la *Chambre d'amour;* plus loin, toujours à droite, gronde et mugit en amoncelant ses sables la *barre* qui ferme l'embouchure de l'Adour. Un long sillon jaunâtre, tranchant sur les eaux bleues de la mer, fait distinguer le passage du fleuve luttant sans cesse contre l'obstacle formidable. A ma gauche, le tableau se déroule plus étendu et plus majestueux : c'est d'abord Biarritz se groupant et s'échelonnant sur la plage ; les sombres hauteurs du *Port-Vieux* s'élèvent au-dessus des maisons riantes ; puis vient une ligne de magnifiques falaises blanches à pic : c'est la *côte des Basques*. Ces montagnes, dont la base se baigne dans la mer et le sommet dans la lumière, sont d'un effet indescriptible ; plus loin, dans un pli de rocher, se montrent les toits rouges du village de Bidart, habité par des pêcheurs ; plus loin encore, le village de Guetary, et toujours dans la même direction le môle énorme de Saint-Jean-de-Luz, que l'Océan assiége incessamment. Au moyen d'une lorgnette, je découvre après Saint-Jean-de-Luz les sinuosités du rivage où la Bidassoa se jette dans la mer. Son embouchure tranquille est dominée par deux petites villes ; à droite, c'est Hendaye, la sentinelle de la France ; à gauche, Fontarabie en ruines, la sentinelle de l'Espagne. Au delà, se dressant vers l'occident et coupant le golfe d'un angle aigu, c'est la côte de Cantabrie, l'Espagne, Saint-Sébastien, le mont de la Haya, ensuite la grande mer Atlantique où les vaisseaux partis des deux rivages de la France et de l'Espagne déploient leurs voiles.

Si je détourne mes regards de la mer et que je me tourne du côté des terres, je vois se dérouler les campagnes du Labour, la chaîne des Pyrénées occidentales et les belles vallées basques. Les yeux se fatiguent vite à regarder ainsi en plein soleil l'étendue de la campagne et l'immensité de la mer. En descendant l'escalier du phare, j'éprouvai une sorte d'éblouissement vertigineux. L'air était brûlant, tous les insectes des jours d'été faisaient entendre leurs bourdonnements. J'étais épuisée de lassitude. Heureusement une voiture m'attendait à peu de distance et me ramena à Biarritz par la route de Bayonne.

Après cette excursion à *travers soleil*, j'éprouvai un tel accablement en rentrant à l'hôtel que je songeai à faire la *sieste*, moi qui n'ai jamais pu m'endormir dans la journée. Mais reposer, même la nuit, dans une auberge de Biarritz, est une de ces impossibilités dont il ne faut pas se flatter d'avoir raison. Le bruit des voitures qui arrivent et qui partent, le tintement des sonnettes, les voix retentissantes des domestiques qui s'appellent par leurs noms et dont l'accent gascon vous pénètre jusqu'à la moelle, les cris des marchands du dehors et le mugissement des vagues forment une clameur permanente où tous les tons assourdissants se trouvent réunis. Je m'étendis sur mon lit et je commençai à lire *Fanny* que la princesse Vogoridès avait reçue la veille de Paris et venait de m'envoyer. En général, quand j'ai lu trente pages d'un roman contemporain (excepté Balzac), j'interromps ma lecture sauf à la reprendre plus tard, mais sans impatience, sans désir. Ou l'histoire ne va pas à mon cœur ou le style me gâte l'histoire.

Je l'avoue, au risque d'effaroucher les critiques pudibonds, la lecture de *Fanny* m'entraîna ; je lus tout d'une haleine ce petit livre où la vérité et l'éloquence de l'amour vous saisissent comme un flot montant. Çà et là court une émotion ardente et communicative qui gagne surtout le cœur des femmes ; elles aiment ce jeune homme d'aimer si bien et si entièrement, et, suivant la belle expression de la marquise du Châtelet, avec cet absolu *abandonnement* de soi-même, à notre époque où l'on mesure l'amour, où les heures de la passion sont réglées comme celles des affaires, ou plutôt leur sont subordonnées ; où l'on dit brutalement et grossièrement à la femme, qui, elle, ne mesure jamais son dévouement et sa tendresse : « Halte là, ma chère, vous pourriez gêner ma vie ! »

Ce qui a fait le grand succès de ce livre, c'est son héros ; les femmes sentent en lui un cœur qui ne se marchande pas. Les autres caractères du roman importent peu ; la figure qui domine, c'est Roger ; le roman aurait dû porter son nom. La seule chose qui me gâte ce livre, c'est sa préface. Quand on a de ces grands incendies dans le cœur, comment songe-t-on au feu de cheminée de la critique ?

Après cette lecture qui avait remplacé ma *sieste*, je me levai au soleil couchant ; je fis une toilette parisienne et me réunis à quelques personnes pour parcourir Biarritz. Nous descendîmes la grande rue qui commençait à s'éclairer ; la foule était moins pressée et le mouvement moins vif que la veille. Ce n'étaient que baigneuses et baigneurs élégants se saluant ou échangeant en passant quelques paroles. On faisait halte tour à tour soit au *Café de Madrid* où une gracieuse femme vous sert du chocolat et des sorbets exquis ; soit au bazar turc dont la porte en forme de minaret était illuminée par des guirlandes de lanternes chinoises.

Ce bazar semble gardé par deux femmes, l'une turque et l'autre persane, revêtues de leurs splendides costumes orientaux. Ce sont deux statues coloriées grandes comme nature; l'une venant de Constantinople et l'autre de Téhéran. Leur teint est bistré, leur petite bouche teinte de carmin, leurs grands yeux noirs, aux cils frangés, sont encore allongés par des touches de henné; sur leur front bas ondulent des cheveux naturels nattés sous un fez orné de pierreries, et sous un voile brodé d'or que fixe à la tête une épingle en filigrane; des pendeloques s'agitent à leurs jolies oreilles, leurs mains effilées ont des ongles roses et des bagues chatoyantes. On dirait que ces deux figures vivent et pensent; leur costume est superbe. Chaque objet de ce ruineux ajustement est une tentation pour les femmes de l'Occident; surtout ces belles vestes flottantes en velours noir ou nacarat brodées d'or et de perles, et ces babouches éclatantes où se cache un pied paresseux. Autour de ces deux belles Orientales qui fument le narguilé d'ambre s'étalent, pressées et resplendissantes, toutes les dépouilles des harems.

C'est à Alger, à Tunis, à Constantinople, à Damas et parfois jusqu'à Téhéran que M. Petit, propriétaire du bazar turc, est allé recueillir les objets charmants et somptueux qui composent le costume des femmes de l'Orient. Quelle variété dans ces bijoux en sequins, en pierreries, en émail, en filigranes, en ambre et en pâtes odorantes! Quelle splendeur dans ces tissus : chemises, pantalons turcs, vestes, mouchoirs, écharpes, voiles, burnous! Quelle fantaisie dans ces fez, ces turbans, ces pantoufles, ces bourses, ces portefeuilles, ces sacs à tabac, ces boîtes à parfums, ces coffrets à fard tantôt en bois de santal, tantôt en ébène incrustée de nacre et d'argent !

Tout cela garde une odeur étrange et pénétrante, une senteur ambrée de femme esclave qui ne songe qu'à se parer, faire l'amour, fumer et dormir. Les vitrines du bazar turc, à Biarritz, recèlent les brillants vestiges de la mode turque qui disparait chaque jour envahie par la mode française. Tandis que les femmes orientales nous font des emprunts maladroits, nous leur enlevons, nous-mêmes, leurs plus attrayantes fantaisies de toilette. Il n'est pas une élégante Parisienne qui n'ait adopté pour coin de feu une de ces vestes merveilleuses dont j'ai parlé ; pas une qui, en sortant du bal ou du théâtre, ne se drape comme une statue antique dans un de ces souples burnous aux plis ruisselants. Chaque soir, le bazar turc à Biarritz est un but de promenade où se rencontrent les femmes du grand monde qui donnent

20.

le ton à la mode dans toutes les capitales de l'Europe et qui viennent là chercher quelque combinaison ou quelques détails de parure qu'elles innoveront aux fêtes de l'hiver suivant.

Après avoir fait le tour du bazar turc, nous nous rendîmes sur la large terrasse du Casino battue par la mer. La soirée était superbe et d'une température si douce que la fraîcheur des vagues n'en altérait pas la tiédeur. Au loin l'Océan était calme et reflétait les belles constellations que la pureté de l'atmosphère faisait paraître plus grosses et plus brillantes. Au-dessus de la Grand'Ourse la Comète dont on a tant parlé projetait dans le ciel sa gerbe de lumière; mais près du rivage les flots sifflaient et se brisaient contre les rocs avec leurs éternels gémissements qui sont une des beautés de cette plage. Nous allions et venions le long de cette terrasse sur laquelle s'ouvrent les salons, les salles de billard et de lecture du Casino; à une des extrémités, du côté du *Port-Vieux*, on descend quelques marches et l'on se trouve sur une sorte de petit promontoire qui s'avance dans la mer.

On a construit en cet endroit un pavillon à toit pointu recouvert de toile écrue toujours frémissante au souffle de la brise. Par les jours caniculaires, il est délectable le matin de venir déjeuner là, et le soir d'y prendre des glaces. Assis sous ce pavillon, on a à gauche le *Port-Vieux*, la *côte des Basques* et au loin le rivage de l'Espagne ; à droite se déroule la partie mondaine et bruyante de Biarritz ; au-dessus de la côte du *Moulin*, la longue salle à minarets, où les baigneuses quittent et reprennent leurs costumes ; puis les riantes villas aux fenêtres éclairées, et dont la *villa Eugénie* efface l'éclat par celui d'une sorte d'illumination intérieure. Plus loin, le phare qui projette son foyer de lumière en long sillage sur la mer. Les feux divers de toutes les maisons du village se répercutent en lueurs sur les flots, mais ils meurent sans les éclairer dans les anfractuosités des rocs noirs qui s'élèvent çà et là au-dessus de l'eau et des sables mouillés d'où la mer vient de se retirer. Parmi tous les rocs il en est un qui frappe les regards aussitôt qu'on arrive à Biarritz et qu'on se tourne du côté de la plage ; il est en forme d'arc ; les vagues s'engouffrent au-dessous ; on dirait un grand débris de pont rompu. Quand la marée est très-haute, elle recouvre parfois ce rocher béant ; et en se retirant elle le laisse mouillé et glissant, relié au rivage par des blocs de pierre qu'entourent de petites flaques d'eau. Les enfants hardis et les baigneurs aventureux aiment à gravir la croupe de cette belle arche naturelle qui s'arrondit sur la mer.

Je ne sais pourquoi, ce soir-là, durant ma promenade, la *Roche-Percée* attirait sans cesse mes regards. Je croyais y voir s'agiter deux ombres; les vagues avaient des gémissements sombres et plaintifs qui ressemblaient à des voix humaines en détresse. Sans la gaîté des promeneurs qui m'accompagnaient, je serais tombée dans une rêverie funèbre. Des chants espagnols, avec accompagnement de castagnettes, nous attirèrent bientôt dans une salle du Casino où nous achevâmes la soirée.

Je l'ai dit, le réveil arrive vite dans ces chambres d'auberge où retentissent dès l'aube les voix toujours criardes des domestiques du Midi. Ce jour-là je fus éveillée encore plus tôt qu'à l'ordinaire par les exclamations de surprise et de curiosité qu'échangeaient dans le corridor voisin laquais et servantes. Quand la femme qui me servait entra dans ma chambre, je lui demandai si quelque événement malheureux était arrivé.

— Oui, madame, me répondit-elle, tout le monde en parle et c'est un grand scandale; une pauvre fille, et bien jolie ma foi, mais bien folle, avait donné hier soir un rendez-vous sur la *Roche percée;* comme elle venait d'y arriver, et que son séducteur l'enjolait, le pied lui a glissé, et elle est tombée dans la mer. On n'a retiré que son corps tout meurtri et méconnaissable.

— Et lui? demandai-je.

— Lui est tombé aussi, peut-être pour la secourir : il a eu les jambes cassées et la tête ouverte ; l'on assure qu'en ce moment il se meurt.

— C'est bien horrible et bien douloureux, lui dis-je.

— C'est une honte pour le pays, reprit la servante, et monsieur le maire en est tout contristé.

Le mourant, le *séducteur*, était un fonctionnaire public, et avant tout, le maire déplora le scandale de cette catastrophe. Mais les années passeront et jetteront sur cette aventure la teinte mélancolique et romanesque du temps. L'intérêt s'attachera aux deux amants de la *Roche-Percée* comme à ceux de la *Grotte d'Amour*. Ils bravèrent la mort pour se voir, pour s'aimer, et ce sentiment qui couronne leur ombre survivra à la vulgarité des commentaires ; j'en suis certaine, les siècles transformeront en légende cette mort tragique dont j'ai été presque le témoin. En attendant, ce ne furent durant tout un jour à Biarritz que propos dénigrants et rigoristes contre les deux pauvres victimes. C'est le propre de l'esprit français ; il commence toujours par railler les catastrophes de l'amour. Que de quolibets gaulois durent être décochés contre Héloïse et Abeilard à l'heure de la vengeance de Fulbert! Mais les contemporains meurent, les générations se succèdent et s'intéressent à la vérité des passions. Les détails disparaissent, le drame et le nom des amants survivent seuls ; l'attrait de leur souvenir se forme et se transmet d'âge en âge. C'est cette vague et douce sympathie qui conduit chaque année tant de jeunes couples au tombeau d'Héloïse et d'Abeilard.

J'ai toujours pleuré sur ceux que personne ne pleure, je me suis toujours préoccupée de ces morts violentes dont on fait grand bruit tout un jour puis qui s'ensevelissent à jamais dans l'oubli. Après le récit de la catastrophe de la *Roche-Percée* je voulus me promener seule et revoir l'arche néfaste.

Quoique la chaleur fût intense, je tournai (en passant par la *côte du Moulin*), le sentier qui côtoyait la mer ; je m'arrêtai en face du roc funèbre impassible et dont les parois lavées par l'écume de la mer ne gardaient pas même les traces de sang du corps brisé de la jeune fille ; le soleil qui tombait d'aplomb sur le rivage et sur la mer égayait tout autour de moi ; les vagues seules toujours gémissantes semblaient pleurer sur celle qu'elles avaient engloutie. Je continuai à marcher, j'arrivai au pied de la terrasse du Casino suspendue sur la mer ; je parvins ensuite à la base du monticule appelé l'Attaye où s'arrondit l'anse profonde du *Port-Vieux*.

Là sont amarrées quelques barques qui servent à la pêche quand la mer permet d'aller au large ; mais durant mon séjour à Biarritz, je n'ai pas vu une seule voile se détacher sur la solitude du golfe ; ces barques reposent au pied de baraques en bois où sont suspendus des costumes de louage pour les baigneurs. C'est là le quartier populaire de Biarritz ; de la base de l'Attaye je montai sur son plateau où l'on trouve quelques vestiges du vieux château, la nouvelle église construite en pierres d'une teinte jaune et une petite tour qui servit autrefois de phare. Pas un arbuste, pas une touffe d'herbe n'a pu croître sur ces hauteurs, le souffle de l'Océan y dessèche toute végétation.

J'avais gravi sans fatigue les sentiers brûlants qui circulent à travers les versants de l'Attaye ; à défaut d'un bain de mer, un bain de soleil me ranime ; je descends par un sentier plus étroit qui décrit une pente rapide ; il est pratiqué dans la falaise et bordé de rampes en bois. Ce sentier conduit à la *côte des Basques ;* bientôt je domine un petit promontoire où quelques touffes de broussailles croissent sur de hautes falaises verticales ; je m'assieds dans cette solitude désolée ; à mes pieds, mugit la mer la plus sauvage que j'aie vue de ma vie : à gauche, elle brise avec furie ses grandes lames sur la *côte des Basques*, ainsi nommée parce que les Basques accourent en troupe une fois par an pour s'y baigner.

C'est vers la fin d'août qu'ils arrivent. Ils descendent joyeux du Labour, de la Soule et de la Basse Navarre ; ils portent tous ce qu'ils appellent le costume de la mer : un pantalon blanc, une veste blanche et, en place du béret, une bizarre coiffure composée de fleurs et de banderolles de rubans. Chaque bande est précédée des instruments de musique du pays : fifre et tambourin, tambours de basques. De leurs montagnes jusqu'à la mer, les Basques font l'école buissonnière ; ils s'arrêtent pour prendre leur repas sur l'herbe et pour y danser après.

Ils allongent ainsi le chemin, mais enfin ils arrivent de toutes parts, on entend alors dans Biarritz des instruments, des chants et des cris sauvages. Les voilà ! ce sont eux ! Ils débouchent par tous les chemins sur les places et dans les rues. Bientôt ils se réunissent par groupes, et le *mouchico*, ou saut basque commence ; c'est une danse étrange dont les femmes forment le centre ; elles se meuvent sur un rhythme monotone en pirouettant sur leurs talons. Autour d'elles, les hommes sont rangés en cercle et décrivent lentement des pas bizarres; tout à coup ils bondissent en poussant un cri guttural et en croisant leurs bâtons de voyage qui se heurtent en mesure. Après ces rondes, souvent répétées dans les rues et les carrefours de Biarritz, ils prennent la route de la falaise et s'abattent comme une nuée sur la grève de la *côte des Basques*. Là ils se déshabillent, et, hommes et femmes, ne formant plus qu'une seule et longue file, s'avancent en chantant et en criant à travers les rocs, les galets et les plantes marines dont cette plage est sillonnée. Une énorme vague arrive du large, elle bondit et couvre toute la masse vivante qui l'attend sans broncher. Les têtes se courbent, la vague passe au-dessus à la grande joie des baigneurs qui sont restés fermes sur leurs pieds. Ce bain, ou plutôt cette douche gigantesque, ne dure que quelques secondes, mais elle se renouvelle plusieurs fois. Après chaque immersion, les baigneurs basques vont s'étendre sur la grève, se sèchent un moment au soleil, puis retournent au flot qui monte.

Mais ce jour-là la côte était déserte; les Basques avaient regagné leurs vallées et leurs montagnes depuis deux semaines; à mes pieds le chaos des rocs battus par la mer et entourés de flaques d'eau était d'une solitude absolue. Biarritz disparaissait derrière moi; blottie comme je l'étais sur la haute falaise entre les touffes de plantes brûlées, j'aurais pu me croire sur quelque rivage d'Afrique, inhabité et sinistre. Les vagues se brisaient dans les rochers verdâtres et m'enveloppaient de leurs gémissements et de leur senteur marine. Au loin se déroulait sans limite l'étendue calme de l'Océan sur lequel le soleil projetait des moires d'or. Au-dessous de moi l'abîme était formidable, les parois des rocs restaient noires et humides, malgré l'ardeur et l'éclat du jour. Je ne pouvais détacher mes regards de la blanche écume bouillonnante qui tourbillonnait, se gonflait et semblait parfois vouloir monter jusqu'au faîte de la falaise. Je restai là bien longtemps, oubliant le monde entier et m'abandonnant à la sensation vertigineuse de la mer; l'émotion qui m'envahissait m'inspira les strophes suivantes :

> Debout sur les rochers où ta voix se lamente,
> M'enivrant de ta force et de ta majesté,
> Je te vois tantôt calme et tantôt véhémente,
>   Déserte immensité!
>
> O mer, je t'aime ainsi, sublime Solitaire,
> Repoussant les pêcheurs, dédaignant les vaisseaux,
> Et semblant tour à tour plaindre ou railler la terre
> Avec les cris stridents qui sortent de tes eaux.

Quand tu presses tes bords de sauvages étreintes,
Quand tu n'es que sanglots et lamentations,
Mer, je crois voir en toi l'immense amas des plaintes
Et des pleurs confondus des générations !

Ces longs gémissements qui meurent sur tes rives
De nos propres douleurs me semblent un écho ;
Je m'incline au-dessus des vagues attractives
   Et je comprends Sapho!

Ton flux montant toujours sur la roche qu'il creuse
Est moins rongeur qu'en nous les âpres passions ;
Et le suaire froid de ta vase visqueuse
Moins glacé que l'oubli de ceux que nous aimions.

Moins amer est le flot de ta sombre marée
Que l'âcre désespoir d'un amour outragé ;
Et dans la trahison l'âme désespérée
Trouve un gouffre plus noir qu'en toi le naufragé.

Oh ! que nous voulez-vous, vagues insidieuses ?
Parfois vous vous dressez avec des bruits si doux
Que l'essaim éperdu des âmes malheureuses
   Voudrait aller à vous.

Aux grands cœurs méconnus vous donnez le vertige
Et vous les attirez dans vos cercueils ouverts !...
Il est fier d'y tomber sans laisser de vestige
Aux spectateurs blasés de ce froid univers.

Montez, montez vers ceux que l'angoisse consume !
Couvrez leurs pieds lassés et leurs fronts abattus ;
Ensevelissez-les dans votre blanche écume ;
Vous pleurerez sur eux quand ils ne seront plus.

Peut-être abritez-vous dans vos cavernes noires
Tous les déshérités des bonheurs d'ici-bas ;
Tourments inconsolés et navrantes histoires
Qu'a vus passer le monde et qu'il ne pleure pas.

A ce monde endurci, voilà pourquoi peut-être,
Mer, tu jetas toujours tes sinistres clameurs,
Et quand l'heure viendra de le voir disparaître,
Inexorable aussi, ta voix lui criera : meurs !

Meurs, stoïque témoin de l'humaine agonie !
O globe dépeuplé, te voilà morne et seul :
Toi qui vis tant mourir, meurs ! ta tâche est finie,
Je vais sur ton cadavre étendre mon linceul.

Je me dirigeai vers le *Port-Vieux* et j'allai m'asseoir sur le bord de la mer qui montait. Il m'était doux de respirer son air salubre, d'entendre sa voix puissante, de contempler son énergie inépuisable ; je restai là jusqu'à l'heure du dîner. Je vis alors passer sur la terrasse du Casino que je traversais pour me rendre à l'hôtel une foule élégante d'hommes et de femmes qui se dirigeaient vers une des salles s'ouvrant sur la terrasse ; un garçon en tablier blanc vint à moi et me dit : C'est l'heure de la table d'hôte, madame ne veut-elle pas dîner ? — Dîner là, répondis-je en désignant la salle qui avait vue sur la mer, je le veux bien, — et je suivis le flot des convives pensant que c'était bien plus récréatif que d'aller m'asseoir dans la salle basse de l'hôtel.

Je trouvai dans la salle à manger du Casino deux tables parallèles ; toutes les places de l'une étaient déjà occupées par une compagnie bruyante d'hommes et de femmes ; à l'autre table, à moitié déserte, étaient quelques Anglais et quelques vieilles femmes ; je m'assis à cette dernière, et comme personne n'y causait et que l'on n'y entendait que le cliquetis des fourchettes et des assiettes, je prêtai l'oreille aux paroles et aux rires de la table voisine : c'étaient des réflexions plaisantes sur la mer, où quelques-unes de ces dames ne voyaient qu'un bain à prendre ; des récits comiques sur la *Chambre d'amour;* des dissertations moqueuses sur les toilettes des *grandes dames*, vues tantôt à la promenade ; des propos lestes, d'autres touchants ; un assaut d'appétits qui faisait dans les mets des trouées plus complètes que des obus dans des bastions ; un cliquetis de verres étourdissant ; le vin de Champagne écumait dans les coupes ; puis vinrent le café et les liqueurs avec leurs chauds aromes ; et pourtant sur tous ces visages quelque chose de fatigué et de triste, et sur tous ces habits d'hommes et de femmes, l'inélégance de la gène et du travail.

Je demandai à mon voisin de table quels étaient

donc ces nombreux convives qui remplissaient la salle du bruit de leurs voix?

— Ce sont les acteurs du grand théâtre de Bordeaux, me dit-il, qui doivent jouer ce soir à Biarritz.

Je les regardai plus curieusement. Après le café, on leur servit des sorbets, et tandis qu'ils les prenaient ils ne cessèrent pas de parler et de gesticuler; ils étourdissaient leur misère par leur gaîté. C'était le cas de dire avec Gil Blas : « Les comédiens et les comédiennes qui n'étaient point venus là pour se taire ne furent point muets. »

Enfin, ils se levèrent; nous en étions encore au rôti qu'ils avaient fini leur dîner. M'apercevant que le nôtre pourrait se prolonger fort tard, grâce à la lenteur des mangeurs anglais, et voyant le jour décroître dans le ciel et sur les vagues, je pris un fruit et quittai la table pour aller sur la terrasse retrouver le spectacle de la mer; je rencontrai là toute la troupe des comédiens fumant et se promenant en attendant l'heure du théâtre. Il me sembla reconnaître une jeune actrice qui m'avait été présentée à Paris. Amaigrie et pâle, elle se tenait accoudée du côté de la mer. Sa mère qui m'avait aperçue s'approcha de moi, nous rejoignîmes la fille et nous fîmes ensemble quelques tours de terrasse : je demandai à la jeune artiste si elle était heureuse au théâtre de Bordeaux? Elle me répondit avec simplicité : « J'ai deux cents francs par mois pour vivre et faire vivre mon père et ma mère dont je ne veux jamais me séparer; pour le loyer, les costumes, les fleurs, les fards et quelques bijoux faux, indispensables. Je ne me plains pas; j'ai eu moins autrefois. »

Tandis qu'elle parlait, je faisais tout bas l'addition de ses dépenses et j'admirai sa sereine résignation.

Tout à coup elle vit passer son directeur et me dit : — Je vais lui demander des billets pour vous, il faut que vous nous voyiez jouer ce soir. Aussitôt qu'elle m'eut nommée, le directeur mit à ma disposition une loge de la jolie salle de spectacle du Casino.

Insensiblement les acteurs s'éloignèrent de la terrasse pour aller faire leur toilette, et j'y restai seule, regardant sur la mer le sillage lumineux des étoiles.

. Je dus à mon tour aller mettre une robe plus élégante et échanger mon chapeau rond contre un autre. On annonçait une brillante représentation, l'Empereur et l'Impératrice avaient promis d'y assister. La jolie salle du Casino est un carré long ayant deux galeries parallèles soutenues par de sveltes colonnes en fer creux; tous les siéges de forme élégante du parterre, des loges et des deux galeries sont également en fer creux. Cela convient à un théâtre d'été. De légères peintures à fresque décorent le plafond. La loge impériale au niveau des galeries occupe tout le fond de la salle en face de la scène. Ici les tentures et les siéges sont en soie; et sur des meubles élégants sont distribuées des lampes à globe d'opale éclairant de hautes gerbes de fleurs dans des potiches chinoises. Le directeur vient donner un coup d'œil d'examen à cette loge et il place sur une causeuse un énorme bouquet destiné à l'Impératrice. Je vois tous ces détails de la loge voisine où je suis assise. Le spectacle commence, on joue un opéra comique de M. Massé, la troupe voyageuse s'en tire à merveille; elle est fort applaudie par les spectateurs.

L'opéra s'achève sans que l'Empereur et l'Impératrice arrivent. Tout à coup un employé, halluciné par son espérance, annonce qu'il vient de voir sortir la voiture impériale de la *villa Eugénie;* aussitôt la Grande Rue s'illumine, les lanternes chinoises du Labyrinthe du Casino sont éclairées et balancent leurs guirlandes de fleurs de lumière à la brise qui monte des vagues; tous les spectateurs se groupent sous le petit péristyle. Le directeur ganté et cravaté de blanc les gourmande et les contient d'un geste de sa main gauche tendue horizontalement, tandis que de la droite il fait un signal à l'orchestre qui exécute aussitôt l'air de la reine Hortense : *Partant pour la Syrie*.

On entend le roulement de la voiture, elle approche, mais elle n'est accueillie par aucune exclamation et pas un piqueur ne la précède. Oh! surprise! cette voiture n'est pas la voiture impériale; ce n'est point l'empereur et l'impératrice qu'elle contient, mais le maire de Biarritz, qui sort de la *villa Eugénie* et vient annoncer au directeur atterré que, la réception de Leurs Majestés se prolongeant, elles ne pourront pas assister au spectacle.

La représentation s'achève tristement; les acteurs ont perdu leur entrain; la salle se dégarnit; on va finir la soirée au *Café de Madrid*, où les sorbets neigeux et le chocolat fumant circulent.

J'emploie la journée du lendemain à parcourir de nouveau toute cette plage accidentée où j'ai déjà promené le lecteur depuis la côte du Moulin jusqu'à la côte des Basques. Le soir, nous allons avec la princesse Vogoridès sur le plateau de l'Atalage, voir tirer un feu d'artifice : les fusées sillonnent le firmament, se confondent aux étoiles, défient la gerbe de la comète et vont retomber en pluie de feu dans la mer. Tout à coup des bombes éclatent dans l'air avec fracas, comme si Biarritz était assiégé ; ce sont ensuite des cascades d'étincelles et de lumineux caducées qu'eût enviés Mercure ; puis une tour en spirale monte dans l'air, elle s'embrâse et se couronne des grandes ailes d'un moulin à vent qui me rappelle un des plus beaux de Rotterdam. Mais ici les ailes sont autant de flammes gigantesques qui illuminent *à giorno* toute la plage. La dernière pièce d'artifice surpasse toutes les autres, elle représente la chapelle de Biarritz avec des portiques resplendissants. On dirait un monument incendié rayonnant comme un astre avant de tomber.

La foule pousse de longues acclamations. Le spectacle est terminé ; la nuit se fait de nouveau avec ses douces lueurs d'étoiles répercutées dans les flots. En nous séparant, nous convînmes avec la princesse que le lendemain matin nous partirions pour la frontière d'Espagne.

Le lendemain à neuf heures, par une matinée d'une sérénité admirable, la calèche de la princesse était à la porte de mon hôtel ; pas un nuage ne traversait l'azur profond du ciel, l'atmosphère était si chaude qu'elle permettait les toilettes d'été les plus légères. La princesse Vogoridés avait amené avec elle son fils, bel enfant de douze ans, à la taille élevée, à la tête si correcte et si attrayante à la fois, quelle faisait rêver des magnifiques enfants de Vélasquez et Lawrence. Le précepteur de l'enfant et M. Rosani, un aimable compatriote de la princesse, nous servaient de cavaliers.

Nous suivîmes la route d'Espagne qui décrit une courbe au-dessus de Biarritz ; cette route est bordée de sapins et de quelque végétation. Nous trouvâmes à gauche un singulier et très-beau jardin enclos dans un enfoncement circulaire et formant un immense entonnoir de verdure, c'était comme une riante oasis au milieu de l'aridité de ces terres sablonneuses. Bientôt à droite, nous découvrîmes au milieu des champs de maïs un grand lac salé, et, toujours du même côté à l'horizon, l'étendue de l'Océan. Puis, sur le rivage, Bidart avec ses toitures empourprées, et plus loin, le petit village de Guétary. La voiture allait rapidement et nous approchions de Saint-Jean-de-Lutz, lorsque nous aperçûmes sur la route comme un bataillon noir soulevant une mase de poussière ; nous nous demandions si quelque détachement de troupe se rendait de la fontière à Biarritz ou à Bayonne ; mais les jambes qui venaient vers nous couraient ou plutôt galopaient comme celles des chevaux de la voiture. Ce n'était point là un pas militaire. Bientôt nous distinguâmes une quarantaine de femmes couvertes de haillons sombres ; elles portaient sur la tête un large panier rond et plat rempli de ces petits poissons appelés anchois ou sardines. Ce panier était tenu en équilibre par un de leurs bras arrondis; leur jupe était retroussée juqu'au genou ; leurs jambes et leurs pieds nus rasaient ainsi que des ailes la poudre et les pierres du chemin ; elles poussaient des cris et des éclats de rire stridents, comme si le bruit de leur voix les eût aiguillonnées dans leur course effrénée.

Chaque jour de pêche à Bidart et à Saint-Jean-de-Luz, aussitôt que les bateaux sont rentrés au port, les pauvres femmes s'emparent de leur cargaison et s'élancent sur la route, elles se précipitent jusqu'à Bayonne sans prendre haleine; elles font ainsi quatre lieues riant, chantant, *le cœur à l'ouvrage*, suivant la belle expression populaire. Arrivées à la première enceinte de la ville, elles se divisent et se répandent dans les rues en criant et hurlant : *A l'anchois! à l'anchois! adare arribat! fresc et delicat! à u so le deutzne!* A l'anchois! à l'anchois! vite, arrivez! frais et délicats! à un sou la douzaine! — Durant la saison des bains, quelques-unes font une halte à Biaritz.

Parfois la pêche est si abondante que ces petits poissons se donnent, ou se prennent, pour rien. On les voit s'amonceler en bancs argentés le long des côtes de Bidar et de Guetary. Les habitants de ces deux villages se mettent dans l'eau jusqu'à mi-corps :

ils plongent à même les bancs et remplissent des plats ou des marmites des poissons entassés ; d'autres les jettent par pelletées sur le rivage où les ramasse qui veut : c'est un mouvement tumultueux; une bonne humeur générale, des cris et des chants, enfin toute cette animation exubérante par laquelle les populations du Midi changent en fête leur labeur.

L'escadron volant avait fui derrière nous ; nous échangions avec la princesse quelques réflexions sur ces pauvres femmes alertes et nerveuses, dont le courage double la force et qui mettent tant d'âme dans le travail ; l'espoir du petit gain qu'elles rapportent à leurs enfants leur prête des ailes. Oh ! qu'il y a loin de cette énergie toujours en éveil à cette torpeur maladive dont M. Michelet compose le tempérament de la femme !

Nous arrivâmes à Saint-Jean-de-Luz dont les jolies maisons rouges et blanches semblent rire aux voyageurs ; nous nous arrêtâmes à l'*Hôtel de France* pour déjeuner ; on nous servit de jeunes tourterelles privées qui venaient de passer de leur cage à la broche ; elles étaient tendres et délicates et leurs roucoulements que nous avions entendus en entrant nous revenaient à l'oreille tandis que nous les mangions. Nous vivons de destruction et la terre à son tour s'engraisse de notre mort.

Saint-Jean-de-Luz est bientôt vu : nous visitâmes d'abord l'église où fut célébré, le 9 juin 1660, le mariage de Louis XIV et de l'infante Marie-Thérèse. En signe de respect pour le souverain on mura la porte de l'église par laquelle il avait passé. Nous entrâmes par une porte latérale et nous repeuplâmes en pensée l'église déserte de toute la suite fastueuse de Louis XIV; dans la nef et dans les trois rangs de galeries en bois qui l'entourent se pressaient ce jour-là des sièges fleurdelisés; les lourdes colonnes dorées du maître-autel resplendissaient sous la lumière des cierges; au-dessus du portail les orgues jouaient des airs solennels, et de beaux tableaux de sainteté, dont quelques-uns sont restés, décoraient le fond des ogives. Il faut lire dans madame de Motteville la cérémonie du mariage qui fut célébré par l'évêque de Bayonne. En parcourant l'église, veuve de cette pompe royale, je m'arrêtai devant la chapelle de la Vierge, qui me parut fort bizarre. Au pied d'un grand christ sculpté en bois, et saignant de toutes ses plaies sur la croix, un mannequin de la Vierge, vêtu d'une robe de serge noire, est agenouillé; le visage est incliné aux pieds du Sauveur; la Vierge pleure et essuie ses yeux avec un mouchoir blanc garni de dentelles. Ce groupe étrange s'élève au-dessus d'un autel.

En sortant de l'église nous allâmes voir la maison qu'habita Louis XIV; elle est baignée par la Nivelle, petit fleuve qui sépare Saint-Jean-de-Luz du bourg de Liboure. Cette maison est encore décorée de quelques statuts sans caractères. Plus loin est la maison où logea l'infante; elle est toute revêtue de briques rouges comme le château de Saint-Germain. Au dessus de la porte, sur une plaque de marbre noir, est gravé ce distique:

L'infante je reçus l'an mil huit cent soixante,
On m'appelle depuis le château de l'Infante.

Nous visitâmes ensuite le môle formidable qui emprisonne la mer; nous parvînmes au-dessus par un escalier droit comme une échelle, et de là nous dominâmes l'immensité des vagues; pas un navire, pas une grande barque n'était à l'ancre dans le port de Saint-Jean-de-Luz. Qu'étaient devenus les hardis pêcheurs de baleines d'autrefois et les aventureux capitaines basques qui les premiers abordèrent l'Islande, le Spitzberg et les bancs de Terre-Neuve? Où donc retrouver ces redoutables corsaires qui durant nos guerres contre l'Espagne couraient sus aux galions des Indes et venaient enrichir de leurs pillages leurs familles et leur pays! La prospérité des villes meurt, renaît ou plutôt se transforme. Rien ne périt dans une nation civilisée et prospère.

Nous avions trouvé le port de Saint-Jean-de-Luz désert, et à l'heure où nous écrivons ces lignes des milliers d'ouvriers travaillent à ce même port et vont en faire un port militaire. Un jour nos escadres de guerre peupleront cette mer solitaire, et Saint-Jean-de-Luz dominera les côtes de l'Espagne, comme Cherbourg domine les côtes de l'Angleterre. On aime à voir se constituer de la sorte la grandeur matérielle de la France. Mais Dieu nous garde que ce soit au détriment de sa grandeur intellectuelle !

Un pont de pierre, jeté sur la Nivelle, sépare Saint-Jean-de-Luz du village de Liboure, dont la population se compose de pêcheurs et de bohémiens. Ces *Égyptiens* ou *gitanos* conservent leurs mœurs à part ; vêtus de haillons pittoresques, ils gardent sur leurs visages des signes indélébiles de race : tient cuivré, dents blanches, cheveux crépus, lèvres épaisses et des yeux noirs brillants comme des escarboucles.

Les gitanos se répandent dans les campagnes, jettent des *sorts* à qui les repoussent, tirent des cartes, disent la bonne aventure et font de prétendus sortilèges. Les femmes tressent des paniers, des espadrilles et des nattes de jonc ; les hommes tondent les mulets et les chiens. A une époque fixe de l'année, ils partent par bandes et s'abattent dans tout le Midi de la France. Je me souviens, quand j'étais enfant, d'en avoir vu avec terreur traverser l'avenue du château de Servanne, propriété de ma mère : je les ai trouvés aussi campant près des monuments romains qui s'élèvent sur l'esplanade de Saint-Remy, et un jour j'ai rencontré une de leurs bandes voyageuses sous les arches du pont du Gard.

Au-dessus de la baie de Saint-Jean-de-Luz est le petit port de Socoa, où s'abritent les barques des pêcheurs. Ce village est bâti dans les rochers; un vieux fort flanqué d'une grosse tour le domine.

Après ces rapides excursions, nous remontâmes en voiture et quittâmes Saint-Jean-de-Luz. La route que nous parcourions était monteuse et sauvage ; bientôt nous traversâmes Urugne, un village aux maisons rouges et blanches; au dessus du cadran de son horloge on lit cette inscription :

Vulnerant omnes, ultima necat.
Toutes les heures frappent, la dernière tue.

Plus loin, au bord de la route, à droite, nous apparut à travers les arbres le vieux château d'Urtubi; il fut habité par Louis XI, Mazarin et Louis XIV ; aujourd'hui, ses fossés sont comblés et ses créneaux à moitié murés; il a perdu son aspect de forteresse et sourit dans sa vétusté au milieu des parterres de fleurs qui l'entourent.

Au delà d'Urtubi, nous traversons quelques champs de maïs, quelques prairies, des côteaux et des rochers arides ; mais bientôt nous arrivons au sommet d'un vaste plateau, nommé la *Croix des Bouquets*, d'où nous découvrons un paysage magnifique : la mer est à notre droite, des côtes bordées de montagnes lumineuses s'y avancent en pointe. Devant nous la route serpente et descend jusqu'à la Bidassoa. A cette heure de basse marée, les eaux du fleuve sont planes et tranquilles; ses bords sont riants. Sur la rive droite (la rive française), est le village de Béhobie, dernier poste français; sur la gauche, un peu plus bas, est Irun, la première petite ville des côtes d'Espagne. Arrivée à Béhobie, notre voiture s'arrête à l'entrée du pont; un commissaire de police français vient nous demander nos passeports et nous prie de participer à la souscription ouverte pour la construction d'une église. Quoique appartenant au culte grec, la princesse Vogoridès remet au commissaire une large offrande; elle me dit, en fixant sur moi son beau regard si profond et si vif : « La prière monte toujours à Dieu dans toutes les langues et toutes les religions. »

Nous traversons le pont, et arrivés au milieu nous rencontrons un poste de soldats espagnols qui marque le point des deux frontières. Le pont franchi, nous voilà sur la rive espagnole. Nous y trouvons amarrées plusieurs barques que conduisent des bateliers des deux nations; nous montons dans une de ces barques. Nos rameurs français ont grand peine à la faire approcher du rivage, tant les eaux sont basses ; enfin nous nous asseyons sur le banc d'arrière et nous commençons à descendre le fleuve. Sur la rive espagnole s'élèvent des collines aux plans gradués toutes couvertes de verdure et où se détachent, çà et là, quelques beaux châteaux à tourelles blanches. Du côté de la France, les regards s'étendent moins loin bornés par des tertres plus arides.

A peine embarqués sur la Bidassoa, nous cherchons du regard la fameuse *île des Faisans ;* tous les souvenirs historiques et toutes les descriptions des écrivains du temps nous assaillent à la fois : — C'est d'abord la grande Mademoiselle racontant dans ses Mémoires que, pour l'entrevue de Louis XIV, d'Anne d'Autriche et de Philippe IV, on éleva dans cette île un somptueux pavillon auquel aboutissaient deux ponts, l'un partant du rivage français, l'autre du rivage espagnol. Le sol était couvert de splendides tapis, tapis de Perse, tapis de velours ; le pavillon se composait de plusieurs chambres, de cabinets, d'un vestibule, d'une salle de gardes. La salle de l'entrevue était grande et située à l'autre bout de l'île, les serrures étaient d'or; il y avait deux tables, deux pendules, deux écritoires; c'est Vélasquez qui décora ce magnifique pavillon. L'humidité du fleuve lui donna les fièvres tierces dont il mourut peu de temps après. Cette parade royale ne valait pas la mort d'un si grand peintre.

> Je m'imagine voir, avec Louis-le-Grand,
> Philippe quatre qui s'avance
> Dans l'île de la Conférence,

a dit La Fontaine.

Puis c'est Bossuet qui apostrophe l'île fameuse dans l'oraison funèbre de cette même Marie-Thérèse que Louis XIV était venu recevoir là des mains de son père. « Ile pacifique, s'écrie Bossuet, où doivent se terminer les différends de deux grands empires à qui tu sers de limites; île éternellement mémorable par les conférences de deux grands ministres où l'on vit développer toutes les adresses et tous les secrets d'une politique si différente, où l'un se donnait du poids par sa lenteur et l'autre prenait l'ascendant par sa pénétration; auguste journée où deux fières nations, longtemps ennemies et alors réconciliées par Marie-Thérèse, s'avancent sur leurs confins, leurs rois à leur tête, non plus pour se combattre, mais pour s'embrasser; où deux rois, avec leur cour, d'une grandeur, d'une politesse et d'une magnificence aussi bien que d'une conduite si différentes, urent l'un à l'autre et à tout l'univers un si grand spectacle ; fêtes sacrées, mariage fortuné, voile nuptial, bénédiction, sacrifice, puis-je mêler aujourd'hui vos cérémonies et vos pompes avec ces pompes funèbres et le comble des grandeurs avec leurs ruines ! »

O néant des îles voisines des embouchures d'un fleuve ! pourrions-nous nous écrier à notre tour ; le flux de la mer les étreint et leur jette un jour un linceul de vase en leur disant : il faut mourir ! Où donc est maintenant l'île célèbre ? Serait-ce, oh ! misère ! cette langue de terre à ras des flots que touche en passant notre barque ? Quelques herbes roussies poussent à peine sur ce sol sablonneux, et l'on n'y trouverait pas un arbuste où pût nicher un de ces oiseaux à plumage doré qui donnèrent leur nom à l'île; elle s'est affaissée, la pauvre île, non dans les eaux profondes, mais dans le lit du fleuve qui monte chaque jour plus haut.

Notre barque descend toujours vers l'embouchure de la Bidassoa; nous contemplons avec ravissement la beauté des deux rives qui déroulent sous nos yeux des paysages plus étendus.

Nous laissons à gauche Irun où nous ne devons débarquer qu'au retour, et tandis que nous naviguons sur les flots calmes du fleuve élargi, nous faisons une collation de fruits et de délicieuses confitures valaques; nous voulons boire de l'eau de la Bidassoa dans un joli coco sculpté et cerclé d'or que la princesse a apporté de Constantinople; les bateliers nous disent que cette eau est détestable, et rapidement ils font dévier la barque du côté de la rive droite vers une petite source française qui jaillit dans le fleuve; ils y remplissent une gourde et tour à tour nous buvons l'eau fraîche et limpide dans le coco. A chaque libation, le fils de la princesse plonge cette coupe de voyage dans la Bidassoa, dont le courant est en ce moment fort rapide. Tout à coup, un flot enlève le coco de la main de l'enfant; nous le voyons un instant surnager, et les bateliers font forcé de rames pour l'atteindre; mais le flot le remplit, il tourbillonne, plonge et disparait: comme l'île des Faisans, il s'est englouti dans la vase.

Nous oublions ce naufrage pour contempler l'admirable tableau qui tout à coup s'offre devant nous : la Bidassoa fait un coude et s'élargit vers son embouchure dans la direction du cap Figuier; à notre droite, c'est Hendaye, la vieille forteresse française qui domine un pauvre village sortant de ses ruines; à gauche, c'est la ville espagnole de Fontarabie, étalant sur une hauteur ses remparts démantelés couverts de lierre et de plantes fleuries; des collines et des montagnes étagées, toutes dorées en ce moment par le soleil, forment un fond éclatant à cette ville détruite; cet horizon lumineux est une magnifique entrée dans la chaude Espagne.

Un jour du printemps de 1793, Fontarabie se mit à vomir des obus et des boulets sur Hendaye, sa voisine de l'autre rive; une forteresse protégeait en vain le village français, en vain une redoute s'élevait à côté sur un tertre appelé la montagne de Louis XIV, les Espagnols conduits par don Ventura Caro enlevèrent et détruisirent toutes les batteries. Mais, un an après, Fontarabie subit de cruelles représailles. La ville espagnole était défendue par huit cents hommes et cinquante bouches à feu; le capitaine Lamarque et le représentant Garreau passèrent la Bidassoa à la tête seulement de trois cents Français, ils s'avancèrent héroïquement sous une décharge formidable de mitraille; ils répondirent par une canonnade terrible qui troua les remparts et s'emparèrent d'une position d'où ils dominèrent bientôt la ville. Deux capucins espagnols présidaient à sa défense; le capitaine Lamarque les fit sommer de se rendre sous peine d'être immédiatement passés au fil de l'épée, eux et la garnison; il leur accordait un délai de dix minutes pour prendre une décision. Les capucins, qui tenaient à la vie, livrèrent Fontarabie.

Tandis que le souvenir glorieux de ce fait d'armes me revenait en mémoire, notre barque touchait à la plage où se baignent les assises de la ville en ruine; nous abordâmes sur un sol fangeux sillonné de décombres et de grosses poutres pourries; deux ou trois vieilles barques étaient là gisantes. Toute l'incurie espagnole se révélait. Nous arrivâmes avec peine jusqu'à la terre ferme, et suivîmes la route pavée menant à Fontarabie. La ville est entourée d'un boulevard extérieur planté de beaux arbres qui précède les fossés et les remparts mutilés cachant à peine leurs blessures sous la verdure et les fleurs; c'est d'un très-bel aspect solennel et désolé.

Nous franchîmes une porte en arceau, profonde et sombre, aux bastions brisés; elle débouchait sur une rue très-étroite et tortueuse, où nous respirâmes une bienfaisante fraîcheur; les maisons de cette rue ont été restaurées; notre approche attira aux fenêtres tous les habitants, tandis que, sur les portes du rez-de-chaussée, se montraient les boutiquiers et qu'une foule de petits mendiants en haillons des deux sexes nous formaient une escorte compacte en grattant leurs têtes blondes et brunes. Quelques marchandes vendant d'excellentes figues, de délectables pêches, de petits poissons secs aux exhalaisons fétides, vinrent grossir le cortége : je pénétrai dans plusieurs boutiques, malgré les odeurs repoussantes qui s'en exhalaient ; je ne trouvai à acheter que quelques éventails en papier blanc avec de bizarres enluminures ; pas un peigne d'écaille, pas une étoffe curieuse.

Vers le milieu de la rue, j'aperçus à droite sur un balcon à colonnettes de bois recouvert d'une tente de coutil rouge et blanc, une assez belle Espagnole qui nous regardait avec ses grands yeux noirs étonnés ; ses cheveux, séparés en deux, retombaient en longues tresses sur son dos. Nous continuâmes à monter la rue sombre et fraîche et vîmes à gauche la grande maison aux fenêtres sans vitres et aux murs échancrés par les bombes qu'habitaient les anciens gouverneurs de Fontarabie. Un écusson héraldique couronnait encore la porte basse et cintrée ; tournant à droite, nous nous trouvâmes en face de la cathédrale ; elle a été préservée durant l'attaque de Fontarabie ou restaurée après. Nous franchîmes un portail gothique bien conservé, et nous fûmes comme éblouies dans l'intérieur de la nef par cette profusion d'ornementations et de dorures qui caractérisent les églises espagnoles et italiennes. Partout des christs, des vierges, des saints et des saintes en relief couronnant les autels des chapelles latérales, et dans les interstices les stations d'un chemin de la croix figurées par des statuettes en bois doré.

Au milieu du chœur, enfermé dans une grille en fer doré, s'élevait le maître-autel au tabernacle resplendissant; les doubles rangs des cierges s'alignaient dans les chandeliers massifs; l'or, ou plutôt le cuivre doré, miroitait partout, et la lumière ardente du soleil, en filtrant à travers les vitraux, faisait jaillir de cette profusion de dorures une irradiation qui remplissait l'église. A la droite du chœur, trônaient trois magnifiques fauteuils aux dossiers très-hauts en ébène sculpté, d'un grand style; les siéges étaient recouverts de velours rouge. Cette église était tellement glaciale que nous dûmes en sortir au plus vite pour nous ranimer au soleil. A gauche de l'église est une haute tour en ruine. Nous descendîmes de ce côté vers les parties des remparts découronnés qui dominent encore la Bidassoa.

Nous suivîmes jusqu'à son embouchure le fleuve tranquille. A gauche, nous avions quelques pauvres chantiers de barques en construction; à droite, un beau champ de maïs mûr dont on faisait la récolte; en face de nous la mer immense s'arrondissant dans le petit golfe de Biarritz dont nous apercevions le phare. Cependant le soleil s'inclinait derrière les toitures percées de Fontarabie; il était temps de songer au départ. En repassant le long du champ de maïs, nous vîmes une vieille femme qui formait des tas de ces grappes blondes, serrées et dures dont un paysan décapitait les hauts roseaux verts, cette femme semblait toucher à l'extrême vieillesse; son corps était encore droit, mais des rides innombrables sillonnaient son front, son cou et ses mains; ses yeux noirs brillaient expressifs, mais une seule dent restait dans sa bouche qui souriait en ce moment en nous jetant un salut.

Nous nous arrêtâmes à la considérer, et à son tour elle nous examina avec curiosité : notre toilette, surtout celle de la princesse, parut la frapper beaucoup; elle, la pauvre femme, portait une jupe en haillons descendant sur ses jambes nues; sa poitrine et ses bras étaient couverts d'une grosse chemise de toile assez blanche, sur laquelle se croisait un fichu en cotonnade à carreaux jaunes et marrons; un fichu semblable noué sur le côté de la tête emprisonnait ses cheveux grisonnants. La princesse désira savoir l'âge de la vieille paysanne et je parvins à me faire comprendre d'elle, comme je m'étais fait entendre des marchandes de fruits, au moyen d'un mélange de patois languedocien et d'italien; elle se redressa à ma question, et avec un regard qui dardait des flammes, elle répondit : Quarante ans. Nous nous écriâmes tous : « impossible ! » Mais d'autres femmes qui passaient nous affirmèrent qu'elle disait vrai. Cette décrépitude anticipée est très-commune parmi les paysans du Midi ; ils restent forts et robustes ; la structure résiste, mais la forme extérieure perd toute jeunesse et toute fraicheur. En comparant une belle Parisienne de quarante ans à cette pauvre créature dévastée, on pourrait douter si elles appartiennent toutes deux à la même espèce!

Nous retrouvâmes dans l'étroite rue que j'ai décrite la troupe de petits mendiants costinés qui, alléchée par les sous que nous lui jetions, nous escorta jusqu'à notre barque ; nous remontâmes la Bidassoa avant l'heure de la marée ; l'eau était si basse que nos bateliers en touchaient le fond avec leurs rames. Bientôt ils durent descendre et marcher dans le fleuve pour remorquer la barque. Tandis que nous naviguions lentement de la sorte, Fontarabie se groupait admirablement sur le rivage ; ses beaux remparts brisés et verdoyants, son église, sa tour en ruine, ses portes béantes, ses grands fossés pleins de ronces, se détachaient sur le fond lumineux du ciel ; je regardais avec un recueillement attendri la pauvre ville en ruine. On donne toujours un adieu mélancolique aux lieux comme aux êtres qu'on n'espère plus revoir.

Nous ne fîmes qu'une très-courte halte à Irun, petite ville espagnole sans caractère. Nos deux bateliers, aux vêtements ruisselants d'eau, me faisaient pitié. Je me disais qu'ils pourraient bien gagner la même fièvre qui tua Vélasquez. Arrivés à Béhobie nous remontâmes en voiture. Les chevaux gravirent avec ardeur la route tortueuse qui conduit au plateau de la Croix-des-Bouquets ; là nous fîmes une courte halte pour considérer une dernière fois le magnifique panorama du rivage espagnol : le soleil qui se couchait dans la mer, derrière les gradins onduleux des montagnes, que domine la cime de la Haya, semblait noyer leurs crêtes dans des lueurs d'or, tandis que leur versant, moins éclairé, étalait des masses blanches sur le sombre rouge de l'horizon, et que leur base, déjà envahie par l'obscurité, paraissait noire. C'était d'un effet inouï, qu'un peintre aurait voulu saisir et que j'ai essayé de fixer dans mon souvenir.

La voiture continua à rouler à travers la même route suivie en venant, et que la nuit couvrit bientôt de son voile constellé.

Le lendemain, après avoir embrassé la princesse Vogoridès, je quittai Biarritz et partis pour Bordeaux. La chaleur était extrême, cette longue route en chemin de fer et mon excursion de la veille aux frontières d'Espagne avaient envenimé ma blessure. Arrivée à Bordeaux, je dus m'y reposer quelques jours.

Je visitai cette cité monumentale : ses quais merveilleux longeant la forêt de mâts des navires que la Garonne porte à la mer; son pont monumental, un des plus grands du monde; sa belle promenade ; les quinconces où les statues de Montesquieu et de Montaigne se regardent; son Jardin des Plantes entouré d'une grille fleurdelisée; son musée, sa bibliothèque où je fus reçue avec empressement par le conservateur qui me montra sur un rayon la grande édition de mes poésies. Je contemplai et touchai avec respect un exemplaire des *Essais* de Montaigne, couvert de notes et de corrections écrites de la main du profond philosophe; je regardai longtemps, attentive et émue, cette écriture illustre; j'aurais voulu l'effleurer de mes lèvres. Je fus aussi très-vivement frappée par ce grand débris d'un monument romain nommé le *Palais Galien ;* avec le fond du ciel azuré qui s'engouffre dans ses arceaux et les arbres échevelés qui les enlacent çà et là, cette ruine est d'un effet merveilleux.

Je visitai tour à tour les nombreuses églises gothiques des vieux quartiers ; elles faisaient passer sous mes yeux toutes les variétés grandioses et charmantes de l'art chrétien au moyen-âge. La tour Saint-Michel me captiva doublement par ses miracles d'architecture et par son caveau funéraire. Cette tour, élevée au XV° siècle, a toujours été un des monuments les plus chers au peuple bordelais. Des troubles ayant éclaté à Bordeaux en 1675 à l'occasion des nombreux impôts dont la ville fut grevée, Louis XIV, pour punir les rebelles qui affichaient leurs placards séditieux contre les murs de la tour et sonnaient le tocsin à ses cloches, ordonna que ce monument serait démoli. « Mais, dit la chronique *bordelaise*, cette pyramide qui est un des plus beaux ouvrages de l'Europe et qui fait l'admiration des étrangers qui abordent par terre et par mer dans cette ville, fut conservée par une providence particulière, en ce que, ayant été faits plusieurs *proclamats* en l'Hôtel-de-Ville pour la démolition de ce monument, il ne se présenta personne qui voulût l'entreprendre. »

La tour Saint-Michel était primitivement surmontée d'une flèche de cinquante mètres de haut que la foudre a détruite. Le caveau en ogives de la tour est éclairé par une lampe qui descend au centre de la voûte et projette des lueurs pâles sur les squelettes d'hommes, de femmes et d'enfants rangés debout autour du mur. Aux pieds de ces squelettes, dont quelques-uns sont encore recouverts de débris de peau, ou plutôt de parchemin noir, est une couche d'ossements brisés et de têtes de morts gisant pêle-mêle. Rien de lamentable comme l'exposition brutale de ces restes du corps humain. Plus que jamais ce spectacle navrant et honteux, cette lente profanation de ce qui fut l'enveloppe de l'âme, me fit souhaiter qu'on en revînt à brûler les morts. Le corps doit disparaître de la terre dès que l'esprit qui l'avait animé s'est enfui.

A l'issue de cette visite à la tour Saint-Michel j'écrivis les vers suivants :

La tour touchait les cieux, et dans le caveau sombre,
Les squelettes blanchis, debout étaient rangés.
A leurs pieds s'entassaient les ossements sans nombre
Que les vers des tombeaux lentement ont rongés.

Je regardais ces yeux béants, ces côtes vides,
Les vertèbres à jour, les fémurs disloqués,
J'allais interrogeant tous ces spectres livides...
Mais les morts sont par nous vainement évoqués.

Pas un ne me disait le secret de son âme;
Il n'était resté d'eux que la hideur du corps;
Dans ces os où chercher la grâce de la femme?
De l'homme où retrouver les muscles fiers et forts?

Renversés et pliés comme des branches sèches
Sous le genou du Temps, robuste bûcheron,
Que sont-ils devenus? où sont les lèvres fraîches?
Où donc l'éclat des yeux et la splendeur du front?

Où donc la chevelure où s'abritait la tête?
Ainsi qu'on voit dans l'herbe une éclatante fleur;
Où le sein palpitant quand l'âme était en fête?
Où les bras caressants tendus vers le bonheur!

Rien, plus rien, désormais que le hideux sourire
Se raillant froidement des heureux et des beaux;
Rien que l'orbite creuse et fixe semblant dire :
Vous descendrez aussi dans l'horreur des tombeaux!

Fuyons cet ossuaire où se glace la flamme
Qui brûle dans nos cœurs et jaillit dans nos yeux!
Oublions le corps vil et ne songeons qu'à l'âme,
Céleste papillon qui palpite en tous lieux.

Elle est dans le soleil qui brille sur la rive,
Dans le flot murmurant, dans le bleu de l'éther,
Dans la campagne en fleurs et, quand le soir arrive,
Dans les feux du couchant et les parfums de l'air.

Elle est dans le regard et le charme invincible
Qui, nous frappant soudain, nous liera sans retour :
La terre dissoudra le squelette insensible;
Mais l'âme est immortelle et renaît par l'amour.

Le soir, nous allons au Grand-Théâtre, un des plus vastes de l'Europe; la salle, pourpre, or et blanc, est d'un effet merveilleux, les loges sortent des parois comme des corbeilles à treillis d'or, les femmes parées y remplacent les fleurs. Au dehors, le théâtre est entouré de vastes galeries s'ouvrant sur les plus beaux quartiers de la ville; par les sereines nuits d'été et d'automne, c'est un enchantement que de se promener sous ces galeries quand le spectacle est fini; dans les cafés et dans les magasins illuminés afflue une foule élégante; une brise tiède souffle de la Garonne; le ciel n'a pas un nuage, les étoiles y paraissent plus grosses qu'à travers les brumes du Nord. Quelques chants de sérénades, ou de musiciens espagnols, groupés sur les places, traversent les airs; tout est quiétude et harmonie; on prolonge à plaisir la poétique veillée, on savoure un repos pénétrant plus délectable et aussi solitaire que le sommeil.

Mais il fallut m'arracher au charme de ces belles nuits du Midi qui me rappelaient les jours déjà si loin de l'adolescence. La veille de mon départ, comme pour rendre mes regrets plus vifs, on me mena dîner à la campagne aux portes de Bordeaux : je vois encore la blanche maison, les quinconces et les sombres allées de marronniers que le soleil couchant transperçait de pointes de lumière; le grand bassin de marbre ovale entouré de caisses d'orangers; les immenses parterres où se pressaient les fleurs les plus rares, parmi lesquelles on cueillit pour moi d'énormes jasmins d'Espagne, des brins de verveine en fleurs et des touffes d'héliotrope. Le lendemain, je respirais dans le wagon ce magnifique bouquet, dernier parfum de la ville évanouie; mais sa chaude température qui dilatait ma poitrine affaiblie, mais son ciel si lumineux, même la nuit, et où j'avais vu la veille la comète resplendissante qui semblait jaillir de la cime d'un maronnier centenaire, tout avait fui! La vapeur véloce franchissait l'espace et me précipitait vers le nord, vers le froid, vers la nuit, vers la mort!

Dès Angoulème le soleil s'était voilé; à Orléans, la pluie tombait fine et serrée; à Paris ce furent les rues boueuses et le ciel noir qui semblèrent me ressaisir corps et âme et m'envelopper comme d'un suaire.

Quel fils du soleil n'est rentré avec un serrement de cœur dans cette ville de brume et d'indifférence, où Vauvenargues, l'enfant du Midi, mourut dans une mansarde glacée, sans qu'un gentilhomme de son monde ou de sa famille se doutât de sa fière misère et de son génie!

FIN

LIBRAIRIE DE E. DENTU, ÉDITEUR,

PALAIS-ROYAL, 17 ET 19, GALERIE D'ORLÉANS.

RÉPERTOIRE DU THÉATRE MODERNE

Adieu Paniers! comédie en un acte, en prose, de M. Alphonse de Launay. 1 »
Nos Alliées, comédie en trois actes, de M. Pol Moreau.
L'Alphabet de l'Amour, comédie-vaudeville en un acte, de M. Eugène Moniot. 1 »
Les Amours d'Été, folie-vaudeville en quatre actes, par MM. A. Polo et F. Voisin. In-4°, avec vignette. » 50
L'Amour qui dort, comédie en un acte, par M. Pagésis. 1 »
L'Auteur de la Pièce, comédie-vaudeville en un acte, de MM. Varin et Michel Delaporte. 1 »
Avant souper, comédie en un acte, de MM. Armand Duplessis et Victor Lagognée. 1 »
L'Automne d'un Farceur, scènes de la vie conjugale, par MM. Édouard Brisebarre et Eug. Nus. 1 »
Un Avocat du beau sexe, comédie-vaudeville en un acte, par MM. Siraudin et Choler. 1 »
L'Avocat des Dames, comédie-vaudeville en un acte, de MM. Hipp. Rimbaut et Raymond Deslandes. 1 »
Un Bal d'Alsaciennes, mascarade mêlée de chant et de danses, par MM. Siraudin et Ernest Blum. 1 »
Les Balayeuses, comédie en un acte, mêlée de chants, de M. Marc Michel. 1 »
La Bande noire, drame en sept actes, par MM. Paul Foucher et Michel Delaporte. 1 »
La Barbe de Bétasson, opérette en un acte, de MM. Turpin de Sansay et Adolphe Huard, musique de Georges Douay. 1 »

Le Baudet perdu, paysannerie en un acte, par MM. Warin et Michel Delaporte. 1 »
La Bergère de la rue Montharor, comédie-vaudeville en quatre actes, de MM. Eugène Labiche et Delacour. 2 »
Les Bienfaits de Champavert, comédie-vaudeville en un acte, par M. Henri Rochefort. 1 »
Le Bigame sans le savoir, folie-vaudeville en un acte, par M. Th. Labourieu. 1 »
Un Bon tiens vaut mieux que deux tu l'auras, proverbe, par mademoiselle Jenny Sabatier. 1 »
Le Bouchon de carafe, vaudeville en un acte, de MM. Dupin et Eugène Grangé. 1 »
La Cagnotte, comédie-vaudeville en cinq actes, de MM. Eugène Labiche et A. Delacour. 2 »
Les Calicots, vaudeville en trois actes, par MM. Henri Thiéry et Paul Avenel. In-4° avec vignette. » 50
Les Campagnes de Boisfleury, vaudeville en un acte, de MM. Jules Moinaux et Alphonse de Launay. 1 »
Célimare le Bien-Aimé, comédie-vaudeville en trois actes, de MM. Labiche et Delacour. 2 »
La Chanson de la Marguerite, ou *un peu, beaucoup, passionnément*, vaudeville en deux actes et quatre tableaux, par MM. A. Delacour et Henri Thiéry. 2 »
La Chercheuse d'esprit, opéra-comique en un acte de Favart, remanié par Charles Hérald, musique arrangée par M. Pilvestre. 1

RÉPERTOIRE DU THÉATRE MODERNE (Suite).

CINQ CENTS FRANCS DE RÉCOMPENSE, vaudeville en un acte, par MM. Siraudin et Victor Bernard. 1 »

LES CINQ FRANCS D'UN BOURGEOIS DE PARIS, comédie-vaudeville en cinq actes, de MM. Dunan-Mousseux et J. Pélissié. 1 »

CINQ PAR JOUR! folie-vaudeville en un acte, par M. William Busnach. 1 »

LA COMMODE DE VICTORINE, comédie-vaudeville en un acte, par MM. Eugène Labiche et Edouard Martin. 1 »

LA COMTESSE MIMI, comédie en trois actes, par MM. Varin et Michel Delaporte. 2 »

LES CONTRIBUTIONS INDIRECTES, comédie-vaudeville en un acte, par M. Henri Thiéry. 1 »

CORNEILLE A LA BUTTE SAINT-ROCH, comédie en un acte, en vers, par M. Edouard Fournier. 2e édit. 1 »

LA CORNETTE JAUNE, vaudeville en un acte, par MM. Cartouche et ***. 1 »

LES COUPS D'ÉPINGLE, comédie en trois actes, par Ernest Capendu. 2 »

LES CRÊPES DE LA MARQUISE, opérette en un acte, par M. Turpin de Sansay, musique de Georges Douay. 1 »

UNE DAME DU LAC, comédie-vaudeville en un acte, par M. Ad. Choler. 1 »

LA DAME AU PETIT CHIEN, comédie-vaudeville en un acte, par MM. Labiche et Dumoustier. 1 »

DANS MES MEUBLES, vaudeville en un acte, de M. J. Prével. 1 »

LE DERNIER JOUR D'UN ASTROLOGUE, comédie en un acte, par MM. Al. Laporte et Ernest Rigadon. 1 »

LA DERNIÈRE GRISETTE, vaudeville en un acte, par M. P. Deslandes. 1 »

LE DERNIER COUPLET, comédie en un acte, par M. Albert Wolff. 1 »

DEUX PERMISSIONS DE DIX HEURES, opérette en un acte, paroles de MM. Pol Mercier et Gurrat, musique de Frédéric Barrier. 1 »

LE DOYEN DE SAINT-PATRICK, drame en cinq actes, de MM. de Wailly et Louis Ulbach. 2 »

EH! ALLEZ DONC, TURLURETTE! revue de l'année 1862, mêlée de couplets, en trois actes et neuf tableaux, par MM. Th. Cogniard et Clairville. 1 50

EH! LAMBERT! à propos-vaudeville, par MM. Clairville et J. Moinaux. 1 »

EN BALLON, revue en trois actes et quatorze tableaux, par MM. Clairville et J. Dornay. In-4o, avec vignette. » 50

LA FANFARE DE SAINT-CLOUD, opérette en un acte, de M. Siraudin, musique de M. Hervé. 1 »

LES FAUX DIEUX, pièce en cinq actes, par MM. Dutertre et Adolphe Huard, musique de M. Boissat. In-4o. » 50

LA FEMME COUPABLE, drame en cinq actes, de M. Eugène Nus. 2 »

UNE FEMME DÉGELÉE, vaudeville en un acte, par MM. Clairville et Choler. 1 »

UNE FEMME QUI BAT SON GENDRE, comédie-vaudeville en un acte, par MM. Varin et Michel Delaporte. 1 »

UNE FEMME, UN MELON ET UN HORLOGER, vaudeville en un acte, par MM. Varin et Michel Delaporte. 1 »

LES FEMMES SÉRIEUSES, comédie-vaudeville en trois actes, par MM. Siraudin, Delacour et E. Blum. 2 »

LA FIANCÉE DU ROI DE GARBE, opéra-comique en trois actes, de MM. Scribe et de Saint-Georges, musique de M. Auber. 2 »

LA FIANCÉE AUX MILLIONS, comédie en trois actes, en vers, par MM. Méry et Bernard Lopez. 1 50

LES FICELLES DE MONTEMPOIVRE, vaudeville en trois actes, par MM. Varin et Michel Delaporte. 2 »

LA FILLE BIEN GARDÉE, comédie-vaudeville en un acte, de MM. E. Labiche et Marc-Michel. 2e édition. 1 »

LA FILLE DE MOLIÈRE, comédie en un acte, en vers, par M. E. Fournier. 1 »

LES FILLES MAL GARDÉES, comédie en trois actes, par MM. Varin et Michel Delaporte. 2 »

LE FILS AUX DEUX MÈRES, drame en cinq actes dont un prologue, par MM. Henry de Kocket Léon de Marancour. In-4o avec vignette. » 50

RÉPERTOIRE DU THÉATRE MODERNE (Suite).

Les Finesses de Bouchavanes, comédie en un acte, mêlée de chant, par MM. Marc-Michel et Ad. Choler. 1 »

La Fleur du Val-Suzon, opéra-comique en un acte, paroles de M. Turpin de Sansay, musique de M. Georges Douay. 1 »

Les Gammes d'Oscar, folie-vaudeville en un acte, par M. William Busnach, musique de M. Georges Douay. 1 »

Un Habit par la fenêtre, vaudeville en un acte, de M. Jules Renard. 1 »

L'Héritier du mari, comédie mêlée de couplets, en un acte, par M. Émile Thiéry. 1 »

Histoire d'une Patrouille, comédie-vaudeville en un acte, de MM. E. Martin et A. Monnier. 1 »

Un Homme de bronze, comédie-vaudeville en un acte, par MM. Henri Chivot et Alfred Duru. 1 »

L'Homme de rien, comédie en quatre actes, de M. Aylic Langlé. 2 »

L'Homme du Sud, à-propos burlesque, mêlé de couplets, par MM. Rochefort et A. Wolff. 1 »

L'Homme entre deux ages, opérette en un acte, par M. Émile Abraham, musique de M. Henri Cartier. 1 »

L'homme qui manque le coche, comédie-vaudeville en trois actes, par MM. Eugène Labiche et Delacour. 2 »

L'Hôtesse de Virgile, comédie en un acte, en vers, par M. E. Fournier. 2 »

Les Illusions de l'Amour, comédie en un acte et en vers, par M. Ernest Serret. 1 »

Il n'y a pas d'amour sans jalousie et de jalousie sans amour, comédie en un acte et en prose, par Mme Olympe Audouard. 1 »

Jean qui rit, pièce en quatre actes, par MM. Paul Féval et Ad. Robert. 2 »

Jeanne qui pleure et Jean qui rit, opérette en un acte, paroles de MM. Ch. Nuitter et E. Tréfeu, musique de M. Offenbach. 1 »

Jérôme Pointu, opérette en un acte, par M. Turpin de Sansay, musique de M. Georges Douay. 1 »

La Jeunesse du roi Henri, drame historique en cinq actes et sept tableaux, de M. le vicomte Ponson du Terrail. In-4° avec vignette. » 50

La Jeunesse de Piron, comédie en un acte, de MM. Hugot et de Bruges. 1 »

La Jeunesse de Mirabeau, pièce en quatre actes, de MM. Aylic Langlé et Raymond Deslandes. 2 »

J'veux ma Femme, vaudeville en un acte, de M. J.-J. Montjoye. 1 »

Joli Jobard, ou l'Art d'aimer en 1865, pièce en cinq actes, précédée d'un prologue, par M. Henri Thiéry. In-4° avec vignette. » 50

Le Joueur de flute, vaudeville romain, de M. Jules Moinaux, musique gauloise de M. Hervé. 1 »

Un Jour de première, comédie-vaudeville en un acte, par M. Varin. 1 »

Lachez tout! revue en trois actes et quinze tableaux, par MM. E. Blum et A. Flan. In-4° avec vignette. » 50

Léonard, drame en cinq actes et sept tableaux, par MM. Édouard Brisebarre et Eugène Nus. In-4° avec vignette. » 50

La Liberté des Théatres, salmigondis mêlé de chant, en trois actes et quatorze tableaux, par MM. Th. Cogniard et Clairville. 1 50

Lisez Balzac, comédie en un acte, par MM. Eug. Nus et Raoul Bravard. 1 »

La Loge d'Opéra, comédie en un acte, par M. Jules Lecomte. 1 »

Macbeth (de Shakspeare), drame en cinq actes, en vers, par M. Jules Lacroix. 2e édition. 2 »

La Maison rouge, comédie-vaudeville en un acte, de MM. Xavier et Charles Nervil. 1 »

La Malle de Lise, scènes de la vie de garçon, par M. Éd. Brisebarre. 1 »

Mame Miclou, folie mêlée de chants, par M. Dupin. 1 »

Un Mari qui lance sa Femme, comédie en trois actes, de MM. Labiche et Raymond Deslandes. 1 »

Le Mariage de Vadé, comédie en vers, en trois actes et un prologue, par MM. Amédée Rolland et Jean Du Boys. 2 »

RÉPERTOIRE DU THÉATRE MODERNE (Suite).

Le Médecin volant, farce de Molière, précédée de Molière a Pézénas, prologue en un acte, en vers, par M. Alphonse Pagès. 1 »

Les Médecins, pièce en cinq actes, par MM. E. Nus et E. Brisebarre. 2 »

Les Médiums de Gonesse, folie mystérioso-magnético-spirite en un acte, par MM. Alfred Duru et Henri Chivot. 1 »

Même Maison, vaudeville en un acte, par M. Jules Renard. 1 »

Les Mémoires de Fanchette, opéra-comique en un acte, par MM. Nuitter et René Desarbres, musique de M. le comte Gabriëlli. 1 »

Les Mémoires d'une Femme de chambre, vaudeville en deux actes, par MM. Clairville, Siraudin et Ernest Blum. 1 »

Les Mémoires de Réséda, *Souvenirs contemporains*, par MM. Rochefort, E. Blum et A Wolff. 1 »

Les Mères terribles, scènes de la vie bourgeoise, en un acte, par MM. Henri Chivot et Alfred Duru. 1 »

Le Minotaure, comédie en un acte, de MM. Clairville et A. de Jallais. 1 »

Misanthropie et Repentir, drame de Kotzebue, traduction nouvelle en quatre actes, en prose, de M. Alphonse Pagès. 1 50

Moi, comédie en trois actes, en prose, de MM. Eugène Labiche et Edouard Martin. 2 »

Mon-joie fait peur, parodie de famille en un acte, par MM. Siraudin et Ernest Blum. 1 »

Un Monsieur qui a perdu son mot, comédie-vaudeville en un acte, de M. Jules Renard. 1 »

Monsieur Boude, scènes de la vie conjugale, en un acte, par M. Delacour. 1 »

Monsieur de la Raclée, scènes de la vie bourgeoise, par MM. E. Brisebarre et E. Nus. 1 »

Les Mousquetaires du Carnaval, folie-vaudeville en trois actes, par MM. Grangé et Lambert Thiboust. 1 50

Une Niche de l'Amour, comédie-vaudeville en un acte, par M. Victor Koning. 1 »

Les Ondines au Champagne, folie-vaudeville en un acte, par MM. J. Pélissié et H. Lefebvre, musique de M. Ch. Lecocq. 1 »

On lit dans l'Akhbar..., vaudeville en un acte, par MM. Amédée de Jallais et Victor Busnach. 1 »

Les Oreilles de Midas, opéra-comique en un acte, paroles de MM. Nerée Dsarbres et Nuitter, musique de M. Barbier. 1 »

L'Orphéon de Fouilly-les-Oies, folie-musicale en un acte, par M. Marquet, airs nouveaux de M. Kriesel. 1 »

Les Orphéonistes en voyage, pièce en cinq actes et dix tableaux, par MM. Alfred Duru et Henri Chivot. 1 »

L'Ouvrière de Londres, drame nouveau en cinq actes, par M. Hippolyte Hostein. In-4° avec vignette. » 50

Les Pantins éternels, pièce en trois actes et six tableaux, par MM. Clairville et Jules Dornay. 1 50

Le Paradis trouvé, comédie en un acte, en vers, par MM. Edouard Fournier et Pol Mercier. 1 »

Le Pavillon des Amours, comédie-vaudeville en un acte, par MM. Pol Mercier et Henri Vernier. 1 »

Pataud, vaudeville en un acte de M. Paulin Deslandes. 1 »

Pauvre Père, vaudeville en un acte, de M. V. Ratier. 1 »

Permettez, Madame! comédie en un acte, de MM. E. Labiche et Delacour. 1 »

Les Perruques, parodie-revue en deux actes et trois tableaux, par MM. Siraudin, Delacour et E. Blum. 1 »

Le Petit de la rue du Ponceau, comédie mêlée de chant, en deux actes, de MM. Edouard Martin et Albert Monnier. 1 »

Nos Petites Faiblesses, comédie en deux actes, de MM. Clairville, Henri Rochefort et Octave Gastineau. 1 »

Les Petits Oiseaux, comédie en trois actes, par MM. Eugène Labiche et Delacour. 2 »

www.ingramcontent.com/pod-product-compliance
Lightning Source LLC
Chambersburg PA
CBHW050637170426
43200CB00008B/1054